Hannes Ludyga
Otto Kahn-Freund (1900–1979)
Ein Arbeitsrechtler in der Weimarer Zeit

Juristische Zeitgeschichte
Abteilung 4: Leben und Werk
Band 16

Juristische Zeitgeschichte
Hrsg. von Prof. Dr. Dr. Thomas Vormbaum
(FernUniversität in Hagen)

Abteilung 4:
Leben und Werk

Band 16

Redaktion: Christoph Hagemann

De Gruyter

Hannes Ludyga

Otto Kahn-Freund (1900–1979)

Ein Arbeitsrechtler in der Weimarer Zeit

De Gruyter

ISBN 978-3-11-049490-7
e-ISBN (PDF) 978-3-11-049384-9
e-ISBN (EPUB) 978-3-11-049237-8

Library of Congress Cataloging-in-Publication Data

A CIP catalog record for this book has been applied for at the Library of Congress.

Bibliografische Information der Deutschen Nationalbibliothek

Die Deutsche Nationalbibliothek verzeichnet diese Publikation in der Deutschen Nationalbibliografie; detaillierte bibliografische Daten sind im Internet über http://dnb.dnb.de abrufbar.

Druck und Bindung: CPI books GmbH, Leck
∞ Gedruckt auf säurefreiem Papier

Printed in Germany

www.degruyter.com

Inhaltsverzeichnis

ANHANG

A) Einleitung

Zahlreiche rechtshistorische Untersuchungen behandeln das Werk und Wirken von Juristen, die Recht, Unrecht[1] und Rechtswissenschaften im nationalsozialistischen Deutschland prägten.[2] Diese Biographien stehen auch im Zusammenhang mit einer „Vergangenheitsbewältigung"[3] und Aufarbeitung einer „Vergangenheitsschuld",[4] da führende deutsche Juristen Nationalsozialisten oder in die nationalsozialistische Herrschaft verstrickt waren. Wenig Beachtung findet in der Rechtsgeschichte und Rechtskultur abgesehen von Ausnahmen[5] das Werk und Wirken deutscher Juristen, die im Jahr 1933, das eine entscheidende Zäsur für die europäische Rechtsgeschichte bedeutete, in einem Prozess der „Selbstzerstörung Deutschlands durch den Nationalsozialismus"[6] aus ihrer Heimat vertrieben wurden und emigrierten. Die Emigration bildet seit den 1970er Jahren einen Teil zeitgeschichtlicher Untersuchungen[7] und die Emigranten stellen „die größte Ansammlung von umgesiedelter Intelligenz, Begabung und Gelehrsamkeit" dar, „die die Welt jemals gesehen hat".[8] Die

---

1 *Michael Stolleis*, Recht im Unrecht. Studien zur Rechtsgeschichte im Nationalsozialismus, Berlin, 2. Auflage 1994.

2 Siehe exemplarisch: *Ralf Frassek*, Von der „völkischen Lebensordnung" zum Recht. Die Umsetzung weltanschaulicher Programmatik in den schuldrechtlichen Schriften von Karl Larenz (1903–1993) (Fundamenta Juridica, Bd. 29), Hannover 1994.

3 *Peter Reichel*, Vergangenheitsbewältigung in Deutschland. Die Auseinandersetzung mit der NS-Dikatatur von 1945 bis heute, München, 2. Auflage 2007.

4 Bernhard Schlink, Vergangenheitsschuld und gegenwärtiges Recht, Frankfurt am Main 2002.

5 *Martina Jabs*, Die Emigration deutscher Juristen nach Großbritannien. Der Beitrag deutscher Emigranten zum englischen Rechtsleben nach 1933 (Schriften zum Internationalen Privatrecht und zur Rechtsvergleichung, Bd. 7), Osnabrück 1999; *Andreas Hetzenecker*, Stephan Kuttner in Amerika 1940–1964. Grundlagen der modernen historisch-kanonistischen Forschung (Schriften zur Rechtsgeschichte, Bd. 133), Berlin 2007; *Jack Beatson / Reinhard Zimmermann*, Jurists Uprooted: German-speaking Emigré Lawyers in Twentieth-century Britain, Oxford 2004; *Leonie Breunung / Manfred Walther*, Die Emigration deutschsprachiger Rechtswissenschaftler ab 1933. Ein bio-bibliographisches Handbuch, Bd. 1, Westeuropäische Staaten, Türkei, Palästina/Israel, lateinamerikanische Staaten, Südafrikanische Union, Berlin 2012.

6 *Rainer M. Lepsius*, Juristen in der sozialwissenschaftlichen Emigration. In: Marcus Lutter / Ernst C. Stiefel / Michael H. Hoeflich (Hrsg.), Der Einfluß deutscher Emigranten auf die Rechtsentwicklung in den USA und in Deutschland. Vorträge und Referate des Bonner Symposions im September 1991, Tübingen 1993, S. 19–31, hier S. 19.

7 Biographisches Handbuch der deutschsprachigen Emigration nach 1933, Bd. 1, Politik, Wirtschaft, öffentliches Leben, bearb. von *Werner Röder / Herbert A. Strauss*, London/Paris 1980, S. IX.

8 *Claus-Dieter Krohn*, Vertriebene intellektuelle Eliten aus dem nationalsozialistischen Deutschland. In: Günther Schulz (Hrsg.), Vertriebene Eliten. Vertreibung und Verfol-

Emigration, die Persönlichkeiten wie Alfred Döblin, Albert Einstein, Sigmund Freud, Otto Klemperer oder Max Reinhardt gelang, führte zu unwiederbringlichen Verlusten von Talenten in Wissenschaft und Kunst in Deutschland. Sie wirkt bis heute in diesen Bereichen nach.[9] Der Schriftsteller Amos Elon (1926–2009) bemerkte treffend:

> „Eine Gelehrtenrepublik, die ihresgleichen nicht hatte – in vielerlei die Blüte Europas –, wurde in alle Himmelsrichtungen zerstreut."[10]

Die Emigrationsforschung aus Perspektive der juristischen Zeitgeschichte bietet ein weites Feld und es gab nicht den „Emigranten-Juristen". Alter, Lebensdauer, familiäre Situation, wissenschaftliches Wirken und Werk sowie politische Einstellung waren bei allen Emigranten trotz Gemeinsamkeiten unterschiedlich. Die vorliegende Studie untersucht das Werk und Wirken von Sir Otto Kahn-Freund (1900–1979), der 1933 als Jude und Sozialdemokrat aus Deutschland nach Großbritannien floh und dort blieb. Im Vordergrund steht das Wirken des Arbeitsrechtlers Kahn-Freund in den vierzehn Jahren der Weimarer Republik vor der Machtübernahme der Nationalsozialisten in Frankfurt am Main und Berlin. Das Arbeitsrecht war das Zentrum seiner Tätigkeit in Wissenschaft und Praxis in der Weimarer Republik. Diese Untersuchung, der bisher nicht ausgewertete Unterlagen aus dem Hessischen Hauptstaatsarchiv und dem Archiv der sozialen Demokratie der Friedrich-Ebert-Stiftung zugrunde liegen, orientiert sich am Lebensweg Kahn-Freunds und beansprucht nicht, *die* Biographie Kahn-Freunds zu sein. Kahn-Freund durchlebte das Kaiserreich, die Weimarer Republik, den Beginn den Nationalsozialismus in Deutschland, das Exil in England und die europäische Nachkriegsordnung von London aus. Eine Beschäftigung mit Kahn-Freund ist schwierig, da er ein vielfältiges und ausdifferenziertes Werk hinterließ. Es ist kaum möglich, diesem Menschen und seinem facettenreichen Werk gerecht zu werden. Jede wissenschaftliche Darstellung muss sich um ein Gleichgewicht und eine Ausgewogenheit bemühen; in dieser Untersuchung darf eine Entwicklung der Ereignisse, die zum Holocaust führten, nicht übersehen werden. Der Holocaust überschattet die deutsch-jüdische Geschichte und Rechtsgeschichte vor und nach 1945.[11]

---

gung von Führungsschichten im 20. Jahrhundert (Deutsche Führungsschichten in der Neuzeit, Bd. 24), München 2001, S. 60–81, hier S. 62.

9 *Moshe Zimmermann*, Die deutschen Juden 1914–1945 (Enzyklopädie deutscher Geschichte, Bd. 43), München 1997, S. 59.

10 *Amos Elon*, Zu einer anderen Zeit. Porträt der deutsch-jüdischen Epoche 1743–1933, München/Wien 2003, S. 385.

11 *Saul Friedländer*, Nachdenken über den Holocaust, München 2007; *Hannes Ludyga*, Rez. zu: Ursula Niedermeier, Lippisches Judenrecht und der Schutz der Juden in den

Eine Analyse des Arbeitsrechts der Weimarer Republik – hinsichtlich der handelnden Akteure eine „Trauerarbeit“[12] – weist eine Relevanz bis in die Gegenwart auf, da bedeutende arbeitsrechtliche Einrichtungen und zahlreiche Elemente des Arbeitsrechts der Gegenwart aus der Weimarer Zeit stammen.[13] Vorliegende Untersuchung leistet einen Beitrag zu der von Eugen Ehrlich (1862–1922) begründeten Rechtssoziologie[14], ein an juristischen Fakultäten gegenwärtig beinahe ganz verschwundenes Fach,[15] und der Geschichte der Arbeitsgerichtsbarkeit zwischen 1926 und 1933, ein Gegenstand, der im Gegensatz zur zeitgenössischen juristischen Literatur bisher wenig in der aktuellen rechtshistorischen Forschung beachtet wird. Bedeutende Impulse gab der Analyse der Arbeitsgerichtsbarkeit Weimars die Sozialgeschichte. Der SPD-Sozialpolitiker Ludwig Preller (1897–1974) verfasste bereits 1949 eine erste grundlegende Studie zur Weimarer Sozialpolitik,[16] die er unter Berücksichtigung der Arbeitsgerichtsbarkeit als integralen Bestandteil der politischen Geschichte behandelte. Er stellte einen Zusammenhang zwischen der Krise des Sozialstaats und der Demokratie her und behauptete unter Bezugnahme auf die Entwicklung des Arbeitsrechts und der Ausdifferenzierung der Arbeitsgerichtsbarkeit einen zukunftsweisenden Ausbau des Sozialstaats in der Weimarer Zeit.[17]

Zivilprozessen der lippischen Obergerichte im 19. Jahrhundert (Europäische Hochschulschriften, Reihe II, Rechtswissenschaften, Bd. 4351), Frankfurt am Main/Berlin/Bern/Bruxelles/New York/Oxford/Wien 2006. In: forum historiae iuris (15.10.2008), http://www.forhistiur.de/legacy/zitat/0810ludyga.htm.

12 *Martin Löhnig / Mareike Preisner*, Vorwort. In: Dies. (Hrsg.). Weimarer Zivilrechtswissenschaft (Beiträge zur Rechtsgeschichte des 20. Jahrhunderts, Bd. 77), Tübingen 2014, S. V–IX, hier S. V.

13 *Wolfgang Linsenmaier*, Von Lyon nach Erfurt – Zur Geschichte der deutschen Arbeitsgerichtsbarkeit. In: Neue Zeitschrift für Arbeitsrecht 21 (2004), S. 401–408, hier S. 406; *Mathias Schmoeckel*, Rechtsgeschichte der Wirtschaft, Tübingen 2008, S. 341; *Alfred Söllner*, Die Arbeitsgerichtsbarkeit im Wandel der Zeiten. In: Die Arbeitsgerichtsbarkeit. Festschrift zum 100jährigen Bestehen des Deutschen Arbeitsgerichtsverbandes, Berlin 1994, S. 1–17, hier S. 9; *Ulrich Zachert*, Hugo Sinzheimer: praktischer Wissenschaftler und Pionier des modernen Arbeitsrechts. In: Recht der Arbeit 54 (2001), S. 104–109, hier S. 108.

14 *Erich Döhring*, Ehrlich, Eugen. In: Neue Deutsche Biographie, Bd. 4, Berlin 1959, S. 364; *Ulrich Zachert*, Legitimation arbeitsrechtlicher Regelungen aus historischer und aktueller Sicht. In: Recht der Arbeit 57 (2004), S. 1–8, hier S. 4.

15 *Hubert Rottleuthner*, Exodus und Rückkehr der Rechtssoziologie. In: Kritische Vierteljahresschrift für Gesetzgebung und Rechtsprechung 92 (2012), S. 202–220, hier S. 217.

16 *Manfred G. Schmidt*, Der deutsche Sozialstaat. Geschichte und Gegenwart, München 2012, S. 18.

17 *Ludwig Preller*, Sozialpolitik in der Weimarer Republik, Düsseldorf 1978 (Nachdruck der 1949 erstmals erschienenen Ausgabe), S. 261–263, 341–376, 508.

Der am 17. November 1900 in Frankfurt am Main geborene und am 16. August 1979 in Großbritannien in Surrey vor Vollendung seines 79. Geburtstags gestorbene Otto Kahn-Freund war einer der bedeutendsten Vertreter des englischen und internationalen Arbeitsrechts nach 1945. Die gängigen biografischen Nachschlagewerke zur deutsch-jüdischen Geschichte nennen ihn.[18] In den deutschen Arbeitsrechtswissenschaften und der deutschen Rechtsgeschichte im Nachkriegsdeutschland fand Kahn-Freund – der „unangefochtene Doyen des internationalen Arbeitsrechts und der Rechtsvergleichung"[19] und „without any doubt [...] one oft he the greatest jurists oft the twentieth century"[20] nach 1945 zunächst hingegen wenig Beachtung.[21] Dies hängt auch damit zusammen, dass die im Nationalsozialismus einflussreichen Juristen Hans Carl Nipperdey (1895–1968)[22] und Alfred Hueck (1889–1975)[23] die Arbeitsrechtswissenschaft in den Anfängen der Bundesrepublik Deutschland prägten.[24] Nipperdey – Professor für Bürgerliches Recht, Handels- und Arbeitsrecht in Köln seit 1925 und Hueck, Vertreter der „Kölner Schule" im Arbeitsrecht, auch wenn Hueck ab 1929 Professor in Jena war,[25] verfassten im

18 *Horst Göppinger*, Juristen jüdischer Abstammung im „Dritten Reich". Entrechtung und Verfolgung, München, 2. Auflage 1990, S. 291; *Walter Tetzlaff*, 2000 Kurzbiographien bedeutender deutscher Juden des 20. Jahrhunderts, St. Ottilien 1982.

19 *Franz Gamillscheg*, Otto Kahn-Freund. In: Recht der Arbeit 32 (1979) S. 283–284, hier S. 283.

20 *W.*, Professor Sir Kahn-Freund, The Modern Law Review 42 (1979), S. 609–612, hier S. 609.

21 *Joachim Perels*, Sozialdemokratische Rechtstheorie in der Weimarer Republik. In: Richard Faber / Eva-Maria Ziege (Hrsg.), Das Feld der Frankfurter Sozial- und Kulturwissenschaften vor 1945, Würzburg 2007, S. 199–208, hier S. 199. In dem von Helmut Heinrichs, Harald Franzki, Klaus Schmalz und Michael Stolleis herausgegeben Werk über „Deutsche Juristen jüdischer Herkunft" gibt es keinen Aufsatz über Kahn-Freund (*Helmut Heinrichs / Harald Franzki / Klaus Schmalz / Michael Stolleis* (Hrsg.), Deutsche Juristen jüdischer Herkunft, München 1993). Anders: *Bernhard Großfeld*, Macht und Ohnmacht der Rechtsvergleichung, Tübingen 1984, S. 197.

22 *Thorsten Hollstein*, Die Verfassung als „Allgemeiner Teil". Privatrechtsmethode und Privatrechtskonzeption bei Hans Carl Nipperdey (1895–1968) (Beiträge zur Rechtsgeschichte des 20. Jahrhunderts, Bd. 51), Tübingen 2007.

23 *Christian Weißhuhn*, Alfred Hueck (1889–1975). Sein Leben, sein Wirken, seine Zeit (Rechtshistorische Reihe, Bd. 383), Frankfurt am Main/Berlin/Bern/Bruxelles/New York/Oxford/Wien 2009, S. 85–197. Verklärend: *Claus-Wilhelm Canaris*, u.a., Gedächtnisreden auf Alfred Hueck, o.O. 1976, S. 6. „Die Jahre des Nationalsozialismus waren für Hueck eine Zeit großer Zurückgezogenheit".

24 *Schmoeckel*, S. 341–343.

25 *Keiji Kubo*, Hugo Sinzheimer – Vater des deutschen Arbeitsrechts. Eine Biographie, hrsg. von Peter Hanau (Schriftenreihe der Otto Brenner-Stiftung, Bd. 60), Nördlingen 1995, S. 108.

Nationalsozialismus einen Standardkommentar zum „Gesetz der nationalen Arbeit“ vom 20. Januar 1934,[26] das das „Führerprinzip“ in Betrieben einführte und Unternehmen gleichschaltete.[27] Beide schrieben gemeinsam ein „Lehrbuch des Arbeitsrechts“.[28] Sie zeigten gegenüber dem „linken Flügel“ der Arbeitsrechtswissenschaft[29] aus der Weimarer Republik, dem neben Kahn-Freund an prominenter Stelle Hugo Sinzheimer (1875–1945), Franz Neumann (1900–1954),[30] Ernst Fraenkel (1899–1970)[31] und Hans Potthoff (1875–1845)[32] angehörten, wenig Aufgeschlossenheit. Dieser von den Nationalsozialisten vertriebene „linke Flügel“ der Arbeitsrechtswissenschaften wurde nach 1945 von juristischen Fakultäten in Deutschland nicht berufen und ignoriert; dieser „Flügel“ verstummte in der Bundesrepublik Deutschland in wissenschaftsgeschichtlicher Hinsicht. Thilo Ramm, der gemeinsam mit Franz Gamillscheg[33] entscheidend dazu beitrug, dass Kahn-Freund in Deutschland nicht in Vergessenheit geriet,[34] konstatierte 1966 eine „geistige Beziehungslosigkeit“ in Deutschland zu der „großen Zeit des deutschen Arbeitsrechts und der deut-

---

26 *Alfred Hueck / Hans Carl Nipperdey / Rolf Dietz*, Gesetz zur nationalen Arbeit und Gesetz zur Ordnung der Arbeit in öffentlichen Verwaltungen und Betrieben. Mit der Verordnung über die Lohngestaltung und die Kriegswirtschaftsverordnung (Kriegslöhne). Kommentar, München/Berlin, 4. Auflage 1943.

27 *Schmoeckel*, S. 336–337.

28 *Hans Carl Nipperdey / Alfred Hueck*, Lehrbuch des Arbeitsrechts, 2. Bde., Mannheim, 3.–5. Auflage 1931/1932, Berlin/Frankfurt am Main, 7. neu bearbeitete Auflage 1963/67.

29 *Rottleuthner*, S. 211; *Zachert*, Sinzheimer, S. 107.

30 *Joachim Rückert*, Franz Leopold Neumann (1900–1954). Ein Jurist mit Prinzipien. In: Lutter / Stiefel / Hoeflich (Hrsg.), Der Einfluß deutscher Emigranten auf die Rechtsentwicklung in den USA und in Deutschland, S. 437–474; *Joachim Rückert*, Neumann, Franz Leopold. In: Neue deutsche Biographie, Bd. 19, Berlin 1999, S. 145–147; *Theo Rasehorn*, Der Untergang der deutschen linksbürgerlichen Kultur beschrieben nach den Lebensläufen jüdischer Juristen, Baden-Baden 1988, S. 18.

31 *Simone Ladwig-Winters*, Ernst Fraenkel. Ein politisches Leben, Frankfurt am Main 2009.

32 *Marie Louise Seelig*, Hans Potthoff (1875–1945). Arbeitsrecht als volkswirtschaftliches und sozialpolitisches Gestaltungsinstrument (Berliner Juristische Universitätsschriften, Grundlagen des Rechts, Bd. 39), Berlin 2008.

33 Zu Franz Gamillschegg: *Peter Hanau*, Franz Gamillschegg 85. In: Recht der Arbeit 62 (2009), S. 189.

34 *Thilo Ramm*, Sir Otto Kahn-Freund. In: Neue Juristische Wochenschrift 33 (1980), S. 165–166; *Gamillscheg*, Kahn-Freund, S. 283–284; *Udo Reifner*, Institutionen des faschistischen Rechtssystems. In: Ders. (Hrsg.), Das Recht des Unrechtsstaates. Arbeitsrecht und Staatrechtswissenschaften im Faschismus, Frankfurt am Main/New York 1981, S. 11–85, hier S. 12.

schen Arbeitsrechtswissenschaft“ in der Weimarer Republik.[35] Eine eigentliche Rezeption des „linken Flügels“ der Arbeitsrechtswissenschaft aus der Weimarer Zeit erfolgte bis heute nicht. Fraenkel und Neumann, beide mit Kahn-Freund seit dem gemeinsamen Studium in Heidelberg befreundet,[36] wichen nach 1945 in die Politikwissenschaften aus. Sie wirkten am Otto-Suhr-Institut an der FU Berlin bzw. der New Yorker Columbia University[37] und setzten sich als Politologen mit dem NS-Staat auseinander.[38] Beide standen damit in einem Gegensatz zu Kahn-Freund, der Zeit seines Lebens ein interdisziplinär arbeitender Rechtswissenschaftler war. Kahn-Freund, mit Fraenkel bis zum Lebensende eng verbunden, eröffnete die Festschrift zu Fraenkels 75. Geburtstag mit einem Beitrag über englisches Familienrecht.[39]

Sinzheimer floh 1933 nach Holland und hatte zunächst in Amsterdam und später in Leiden eine Honorarprofessur für Arbeitsrecht und Rechtssoziologie inne.[40] Im September 1940 nahmen ihn die Nationalsozialisten fest.[41] Nachdem er von den Nationalsozialisten noch 1940 wieder freigelassen worden war, lebte er im Untergrund auf Dachböden versteckt unter schwierigsten Bedingungen und brach jeden Kontakt mit der Außenwelt ab.[42] Fraenkel – wie Kahn-Freund ein Schüler Sinzheimers – beschrieb die letzten Jahre des

35 *Thilo Ramm* (Hrsg.), Arbeitsrecht und Politik. Quellentexte 1918–1933, Neuwied/Berlin 1966, S. XI.

36 Otto Kahn-Freund. Autobiographische Erinnerungen an die Weimarer Republik. Ein Gespräch mit *Wolfgang Luthardt*. In: Kritische Justiz 14 (1981), S. 183–200, hier S. 186; *Ernst Fraenkel*, Der Doppelstaat, hrsg. von Alexander von Brünneck, Hamburg, 2. Auflage 2001, S. 45.

37 *Andreas Fisahn*, Eine kritische Theorie des Rechts. Zur Diskussion der Staats- und Rechtstheorie von Franz L. Neumann (Reihe Rechtswissenschaft), Göttingen 1991, S. 6; *Rückert*, Neumann, S. 146; *Rottleuthner*, S. 212.

38 *Ernst Fraenkel*, The Dual State, New York 1941; *Franz Neumann*, Behemoth. The structure and practice of national socialism, London 1942. Siehe: *Rasehorn*, S. 70.

39 *Otto Kahn-Freund*, Sozialwandel und Strukturwandel. Einige Bemerkungen zur Entwicklung des englischen Familienrechts. In: Günther Doecker / Winfried Steffani (Hrsg.), Klassenjustiz und Pluralismus. Festschrift für Ernst Fraenkel zum 75. Geburtstag am 26. Dezember 1973, Hamburg 1973, S. 17–38.

40 *Kubo*, S. 19; *Rottleuthner*, S. 209; *Zachert*, Sinzheimer, S. 108.

41 *Ladwig-Winters*, Fraenkel, S.129–133.

42 Archiv der sozialen Demokratie der Friedrich-Ebert-Stiftung, Nachlass Walter Auerbach Mappe 67, Kahn-Freund an Walter Auerbach, 22. März ohne Jahr; *Kubo*, S. 185; *Ladwig-Winters*, Fraenkel, S. 158.

Rechtssoziologen und „Schöpfers des deutschen Arbeitsrechts“,[43] in Holland mit den Worten:

> „Die Besetzung Hollands durch die Armeen Adolf Hitlers zwangen ihn, sich Jahre zu verbergen, alle die Ängste auszustehen, die ein kleines jüdisches Mädchen, das nach Holland verschlagen war, die Anne Frank, auch für diejenigen gültig ausgedrückt hat, die nicht wissen, was Diffamierung, Verfolgung und drohende Vernichtung bedeuten. Hugo Sinzheimer hat den Krieg überstanden; wenige Wochen nach Kriegsende ist er an Entkräftung gestorben.“[44]

Kahn-Freund, der mit der niederländischen Emigration „geheime Beziehungen“ hatte[45] und Fraenkel pflegten mit Sinzheimer bis 1940[46] einen Briefwechsel. Sie tauschten sich über persönliche, soziale und politische Fragen aus. Fraenkel leitete seine Informationen über Sinzheimers psychische und physische Verfassung stets an Kahn-Freund weiter. Nach Ende des 2. Weltkriegs standen Sinzheimer und Fraenkel nochmals in Briefkontakt. Fraenkel wollte gemeinsam mit Kahn-Freund Sinzheimer materiell und ideell unterstützen.[47] Dieser starb am 16. September 1945 in der holländischen Stadt Bloemendaal.[48]

---

43 *Otto Kahn-Freund*, Hugo Sinzheimer (1875–1945). In: Ders. / Thilo Ramm (Hrsg.), Hugo Sinzheimer. Arbeitsrecht und Rechtssoziologie. Gesammelte Aufsätze und Reden, Bd. 1 (Schriftenreihe der Otto Brenner Stiftung, Bd. 4), Frankfurt am Main/Köln 1976, S. 1–31, hier S. 1.

44 *Fraenkel*, Sinzheimer, S. 142.

45 Archiv der sozialen Demokratie der Friedrich-Ebert-Stiftung, Nachlass Walter Auerbach, Brief Kahn-Freund an Walter Auerbach vom 18.6.1943.

46 Archiv der sozialen Demokratie der Friedrich-Ebert-Stiftung, Nachlass Walter Auerbach, Brief Kahn-Freund an Walter Auerbach vom 30.1.1940; *Kubo*, S. 185; *Ladwig-Winters*, Fraenkel, S. 128–133, 158.

47 *Ladwig-Winters*, Fraenkel, 158–159, 205; *Zachert*, Sinzheimer, S. 105.

48 *Kahn-Freund*, Autobiographische Erinnerungen, S. 185; *Kubo*, S. 186; *Zachert*, Sinzheimer, S. 105.

B) „Geboren in Deutschland“. Die Jahre von 1900 bis 1933

I. Kindheit, Jugend und Studienjahre

Otto Kahn-Freund, der einer großbürgerlichen und aufgeschlossenen Familie entstammte – sein Vater war Kaufmann –, verbrachte seine Kindheit und Jugend in der von einem liberalen Bürgertum geprägten Stadt Frankfurt am Main.[1] Er war tief verwurzelt in der deutschen Sprache und Kultur. Seine Familie war wohlhabend; zumindest konnte sich sein Vater bereits mit 41 Jahren aus dem Berufsleben zurückziehen und musischen Interessen nachgehen.[2] Wie mehr als die Hälfte der deutschen Juden zu dieser Zeit wohnte Kahn-Freund in einer Großstadt mit urbanem Charakter,[3] wo er noch im Kaiserreich eine liberale und weltoffene Erziehung erhielt.[4] Auch wenn Juden im Kaiserreich eine zumindest einigermaßen sichere Phase durchlebten, darf nicht übersehen werden, dass Antisemitismus das Alltagsleben von Kahn-Freund immer wieder überschattete.[5] Das Kaiserreich lehnte Kahn-Freund als

---

1 *Kahn-Freund*, Autobiographische Erinnerungen, S. 185; *Wolfgang Luthardt*, Arbeit, Recht und Gerechtigkeit. Zur Erinnerung an Otto Kahn-Freund (1900–1979). In: Internationale wissenschaftliche Korrespondenz zur Geschichte der deutschen Arbeiterbewegung 26 (1990), S. 181–190, hier S. 182; *Thilo Ramm*, Otto Kahn-Freund und Deutschland. In: Franz Gamillscheg / Jean de Givry / Bopp Hepple / Jean-Maurice Verdier, In memoriam Sir Otto Kahn-Freund 17.11.1900–16.8.1979, München 1980, S. XXI–XXXII, hier S. XXI; *Hans Bergemann / Simone Ladwig-Winters*, Richter und Staatsanwälte jüdischer Herkunft in Preußen im Nationalsozialismus. Eine rechtstatsächliche Untersuchung, Köln 2004, S. 219.

2 *Hans Bergemann*, Prof. Dr. jur. Otto Kahn-Freund. In: Ders. / Berliner Freundes- und Förderkreis Arbeitsrecht (Hrsg.), Jüdische Richter in der Berliner Arbeitsgerichtsbarkeit 1933, Berlin 2013, S. 79–82, hier S. 79; *Tim Husemann*, Gehen oder bleiben – Zwei Arbeitsrechtsgelehrte und der Faschismus. Otto Kahn-Freund und Wolfgang Siebert in der Gegenüberstellung. In: Jahrbuch der Juristischen Zeitgeschichte 13 (2012), S. 209–239, hier S. 210; *Ramm*, Kahn-Freund und Deutschland, S. XXI.

3 *Monika Richarz*, Schluß. In: Steven M. Lowenstein / Paul Mendes-Flohr / Peter Pulzer / Monika Richarz, Deutsch-jüdische Geschichte der Neuzeit, Bd. 3, 1871–1918, München 2000, S. 381–384, hier S. 381; *Zimmermann*, Die deutschen Juden 1914–1945, S. 12.

4 *O.V.*, Prof. Dr. Otto Kahn-Freund. In: Gesamtgerichtsrat der Berliner Gerichte für Arbeitssachen (Hrsg.), 60 Jahre Berliner Arbeitsgerichtsbarkeit 1927–1987, Berlin 1987, S. 166–170, hier S. 166.

5 *Peter Pulzer*, Die Wiederkehr des alten Hasses. In: Steven M. Lowenstein / Paul Mendes-Flohr / Peter Pulzer / Monika Richarz, Deutsch-Jüdische Geschichte in der Neuzeit, Bd. 3, Umstrittene Integration 1871–1918, München 2000, S. 193–248.

überzeugter Republikaner und Gegner Preußens ab. Es galt ihm als „Kult überholter Traditionen“.[6]

In seiner Geburtsstadt Frankfurt am Main besuchte Kahn-Freund das Goethe-Gymnasium. Zu seinen Mitschülern gehörte der spätere Soziologe und Mitarbeiter am Frankfurter Institut für Sozialforschung sowie ab 1956 Professor für Soziologie in Berkeley Leo Löwenthal (1900–1993)[7]. Die Lehrer am Goethe-Gymnasium – so Löwenthal – waren mehrheitlich nicht nationalistisch eingestellt. Seine Mitschüler beschrieb Löwenthal mit den Worten:

> „Viele Mitschüler stammten [...] aus wohlbegüterten jüdischen Häusern. Es gab da wirklich einen Esprit de corps von weltoffenen jungen Menschen, die [...] sich nach der Schule zusammentaten, um gemeinsam zu lesen und das Gelesene zu diskutieren.“[8]

Der 1. Weltkrieg nahm eine beherrschende Stellung in Leben der Schüler am Goethe-Gymnasium ein. Er prägte Kahn-Freunds Generation. Nach dem Abitur am Goethe-Gymnasium im Mai 1918 leistete Kahn-Freund bis Kriegsende beim Feldartillerie-Regiment 63 in Frankfurt am Main Militärdienst für Deutschland im 1. Weltkrieg, ohne dass es zu einem Kampfeinsatz seinerseits kam.[9] In diesem Regiment dienten – so Löwenthal – „Jungs aus gutem Hause“.[10] Kahn-Freund entwickelte sich vom 1. Weltkrieg geprägt zu einem überzeugten Pazifisten[11] und war einer von über 100.000 Juden, die in der deutschen Armee dienten und von denen um die 12.000 Menschen fielen. Innerhalb der Armee nahm der Antisemitismus während des 1. Weltkriegs stark zu. Der preußische Kriegsminister Adolf Wild von Hohenborn (1860–1925) entschied 1916 aus antisemitischen Motiven heraus, eine sogenannte „Judenzählung“ bei der Armee durchzuführen. Die Zählung sollte angeblich verdeutlichen, dass Juden sich dem Wehrdienst entzogen.[12]

---

6 *Ramm*, Kahn-Freund und Deutschland, S. XXI.

7 *Peter-Erwin Jansen* (Hrsg.), Das Utopische soll Funken schlagen. Leo Löwenthal zum hundertsten Geburtstag, Frankfurt am Main 2000.

8 *Leo Löwenthal*, Mitmachen wollte ich nie. Ein autobiographisches Gespräch mit Helmut Dubiel, Frankfurt am Main 1980, S. 51–52.

9 Hessisches Hauptstaatsarchiv, Wiesbaden Abt. 518, Nr. 18695, Schreiben Otto Kahn-Freund an den Herrn Minister der Justiz in Bonn, November/Dezember 1956; Kahn-Freund, Autobiographische Erinnerungen, S. 185; *Bergemann*, Kahn-Freund, S. 79; *Luthardt*, Arbeit, Recht und Gerechtigkeit, S. 182; *Bergemann / Ladwig-Winters*, S. 219; Zum Antisemitismus im Kaiserreich: *Richarz*, Schluß, S. 381.

10 *Löwenthal*, S. 52.

11 *Ramm*, Kahn-Freund und Deutschland, S. XXII.

12 *Zimmermann*, Die deutschen Juden 1914–1945, S. 2–3; *Hannes Ludyga*, Die Rechtsstellung der Juden in Bayern von 1819 bis 1918. Studie im Spiegel der Verhandlungen

Die am 9. November 1918 ausgerufene Weimarer Republik unterstützte Kahn-Freund, der keinem Arbeiter- und Soldatenrat angehörte.[13] Er begrüßte ein „zeitweiliges Machtgleichgewicht zwischen Bürgertum und Arbeiterschaft" nach der Revolution.[14] Seine Anhängerschaft für die Republik hing auch damit zusammen, dass die „Verfassung des Deutschen Reichs" vom 11. August 1919 allen Bewohnern des Reichs „volle Gewissens- und Glaubensfreiheit" zusicherte[15] und Artikel 136 dieser Verfassung bestimmte:

> „Die bürgerlichen und staatsbürgerlichen Rechte und Pflichten werden durch die Ausübung der Religionsfreiheit weder bedingt noch beschränkt."[16]

In der Weimarer Republik wurden jüdische und christliche Religion gleichgestellt. Die einzelnen jüdischen Gemeinden waren fortan Körperschaften des öffentlichen Rechts.[17] Der Höhepunkt der Judenemanzipation in rechtlicher Hinsicht war erreicht. Für Kahn-Freund bedeuteten die Ausrufung der Weimarer Republik und die „Weimarer Reichsverfassung" den Anfang einer Demokratie, in der es keine religiösen Unterschiede geben sollte. Jedoch schlugen die Antisemitismuswellen in der Weimarer Zeit hoch.[18] Die Feinde Weimars nannte die Weimarer Republik eine „Judenrepublik".[19]

Nach dem Militärdienst zurück im zivilen Leben wollte Kahn-Freund zunächst Geschichte studieren. Erst unter dem Einfluss Fraenkels entschied er sich für ein Studium der Rechtswissenschaften.[20] Bei der Grabrede für Fraenkel 1975 in Berlin erklärte er, dass es niemanden gab, der auf seine „Entwicklung einen

---

der Kammer der Abgeordneten des bayerischen Landtags (Juristische Zeitgeschichte, Abteilung 8, Judaica – Jüdisches Recht, Judenrecht, Antisemitismus, Bd. 3), Berlin 2007, S. 403-407.

13 *Kahn-Freund*, Autobiographische Erinnerungen, S. 187.

14 *Otto Kahn-Freund*, Der Funktionswandel des Arbeitsrechts. In: Thilo Ramm (Hrsg.), Arbeitsrecht und Politik. Quellentexte 1918–1933, Neuwied 1966, S. 211–246, hier S. 217.

15 RGBl. 1919, S. 1408.

16 RGBl. 1919, S. 1408; *Ludyga*, Die Rechtsstellung der Juden in Bayern von 1819 bis 1918, S. 412.

17 RGBl. 1919, S. 1409; *Zimmermann*, Die deutschen Juden 1914–1945, S. 9–10; *Ludyga*, Die Rechtsstellung der Juden in Bayern von 1819 bis 1918, S. 412.

18 *Helmut Berding*, Moderner Antisemitismus in Deutschland, Frankfurt am Main 1988, S. 189–226; *Hannes Ludyga*, Philipp Auerbach (1906–1952). „Staatskommissar für rassisch, religiös und politisch Verfolgte" (Juristische Zeitgeschichte, Abteilung 8, Judaica – Jüdisches Recht, Judenrecht und Antisemitismus, Bd. 1), Berlin 2005, S. 18.

19 *Ernest Hamberger*, Jews, Democracy and Weimar Germany (Leo Baeck Memorial Lecture, Bd. 16), New York 1973, S. 5; *Ludyga*, Auerbach, S. 18.

20 *Kahn-Freund*, Autobiographische Erinnerungen, S. 185.

stärkeren Einfluss hatte als Ernst Fraenkel“.[21] Eine Motivation Jura zu studieren waren für ihn vermutlich die besseren Berufschancen. Nach dem Geschichtsstudium blieb als Lehrer primär der öffentliche Schuldienst, der Juden zumindest vor Gründung der Weimarer Republik noch immer in Teilen verschlossen war. Nach einem Jurastudium stand theoretisch der freie Anwaltsberuf offen. Erst in der Weimarer Zeit traten Juden vermehrt in den öffentlichen Dienst ein.[22]

Kahn-Freund studierte zwischen 1919 und 1923 an der Ruprecht-Karls-Universität Heidelberg, der Universität Leipzig und der Johann Wolfgang Goethe-Universität Frankfurt.[23] Ein Wechsel des Studienorts war nicht ungewöhnlich zu dieser Zeit.[24] Kahn-Freunds Studium fiel in die Krisenzeit[25] der Weimarer Republik, wofür kennzeichnend der „Kapp-Putsch“ 1920, dem die Gewerkschaften in Berlin mit einem Generalstreik entgegentraten,[26] politisch motivierte Morde etwa an Walther Rathenau (1867–1922)[27] und die Inflation standen.[28]

In der von Fraenkel, Neumann und Löwenthal 1919 gegründeten „sozialistischen Studentengruppe“ engagierte sich Kahn-Freund in der Studentenpolitik.[29] Er war während seines Studiums gemeinsam mit Fraenkel Mitglied eines

---

21 Archiv der sozialen Demokratie der Friedrich-Ebert-Stiftung, Nachlass Kurt Mattick, Mappe 360, Grabrede Otto Kahn-Freund, 8. April 1975.

22 *Ladwig-Winters*, Fraenkel, S. 44; *Zimmermann*, Die deutschen Juden 1914–1945, S. 10.

23 *Bergemann / Ladwig-Winters*, S. 219.

24 *Irene Stuiber*, Die Initiatoren und Initiatorinnen von „German Educational Reconstruction“. In: Exil XVIII, S. 48–60, hier S. 54.

25 Zur Kritik an diesem Deutungsmuster: *Moritz Föllmer / Rüdiger Graf* (Hrsg.), Die „Krise“ der Weimarer Republik. Zur Kritik eines Deutungsmusters. Frankfurt am Main 2005; *Hannes Ludyga*, Krisenintervention durch Mietgesetze in der Weimarer Zeit. In: Jahrbuch der Juristischen Zeitgeschichte 12 (2011), S. 71-90.

26 *Gerhardt Schild*, Die Arbeiterschaft im 19. und 20. Jahrhundert (Enzyklopädie deutscher Geschichte, Bd. 36), München 1996, S. 30–31.

27 *Lothar Gall*, Walther Rathenau. Portrait einer Epoche, München 2009.

28 *Schmidt*, S. 18; *Frederick Taylor*, The Downfall of Money. Germany’s Hyperinflation and the Destruction of the Middle Class A Cautionary History, München 2013, passim.

29 *Kahn-Freund*, Autobiographische Erinnerungen, S. 187; S. 40; *Fisahn*, S. 4; *Doris Maja Krüger*, Leo Löwenthal und die jüdische Renaissance in der Weimarer Republik. In: Elke-Vera Kotowski (Hrsg.), Das Kulturerbe deutschsprachigen Juden. Eine Spurensuche in den Ursprungs-, Transit- und Emigrationsländern (Europäisch-jüdische Studien, Beiträge 9), Berlin/München/Boston 2015, S. 247–262, hier S. 253; *Michael Wildt*, Ernst Fraenkel und Carl Schmitt: Eine ungleiche Beziehung. In: Daniela Münkel / Jutta Schwarzkopf (Hrsg.), Geschichte als Experiment. Studien zu Politik, Kultur und Alltag im 19. und 20. Jahrhundert, Frankfurt am Main 2004, S. 35–48, hier S. 37.

Debattierclubs, in dem die Schriften von Karl Marx (1818–1883), Karl Renners (1870–1950), des späteren ersten Präsidenten der zweiten österreichischen Republik,[30] Max Webers (1864–1920), des Soziologen Ferdinand Tönnies (1855–1936), Carl Schmitts (1888–1985) und Hans Kelsens (1881–1973) diskutiert wurden. Die Werke von Weber[31] und Marx boten ihnen – so die Biografin von Fraenkel die Historikerin Ladwig-Winters – ein „Rüstzeug zur systematischen Analyse der gesellschaftlichen Strukturen".[32]

Das wissenschaftliche Leben in der Weimarer Zeit wies antisemitische Züge auf.[33] Die Goethe-Universität Frankfurt war die letzte im Kaiserreich[34] vor Ausbruch des 1. Weltkriegs gegründete Universität in Deutschland. Sie galt als liberal, fortschrittlich und praxisnah.[35] Die Nationalsozialisten nannten die Universität, die aus der Frankfurter Sozial- und Handelsakademie hervorging[36] einen „jüdisch-liberalistischen Laden".[37] Vor allem Sinzheimer – Honorarprofessor für Arbeitsrecht an der Goethe-Universität seit 1920 und im Hauptberuf Rechtsanwalt[38] – war antisemitischen Angriffen ausgesetzt.[39] Auch wenn rechte Studentenverbindungen als Hochburgen der Nationalsozialisten in Frankfurt am Main eine geringere Bedeutung als anderen Universitätsstädten besaßen,[40] störten rechte Aktivisten seine Antrittsvorlesung, da er Sozialdemo-

30 *Walter Rauscher*, Karl Renner. Ein österreichischer Mythos, Wien 1995; Karl Renner in Dokumenten und Erinnerungen, hrsg. von *Siegfried Nasko*, Wien 1982.

31 *Otto Kahn-Freund*, Die prozessuale und soziale Funktion des arbeitsgerichtlichen Güteverfahrens. In: Juristische Wochenschrift 1930, S. 388–392.

32 *Ladwig-Winters*, Fraenkel, S. 47; *Wildt*, Ernst Fraenkel, S. 37.

33 *Zimmermann*, Die deutschen Juden 1914–1945, S. 41.

34 *Ladwig-Winters*, Fraenkel, S. 45.

35 *Michael Stolleis*, Geschichte des öffentlichen Rechts in Deutschland. Weimarer Republik und Nationalsozialismus, München 2002, S. 265; *Sascha Ziemann*, Relativismus in Zeiten der Krise: Franz L. Neumanns unveröffentlichte rechtsphilosophische Arbeit von 1923. In: Zeitschrift für internationale Strafrechtsdogmatik 2007, S. 362–370, hier S. 363.

36 *Ladwig-Winters*, Fraenkel, S. 45.

37 *Notker Hammerstein*, Vorwort. In: Renate Heuer / Siegbert Wolf (Hrsg.), Die Juden der Frankfurter Universität (Campus Judaica, Bd. 6), Frankfurt/New York 1997, S. 7–8, hier S. 8.

38 *Sandro Blanke*, Sinzheimer, Hugo Daniel. In: Neue Deutsche Biographie, Bd. 24, Berlin 2010, S. 474–475; *Ladwig-Winters*, Fraenkel, S. 50.

39 *Kahn-Freund*, Autobiographische Erinnerungen, S. 186.

40 *Ladwig-Winters*, Fraenkel, S. 46.

krat und Jude war. Erst demokratische Studenten – unter ihnen Neumann – ermöglichten es ihm ans Vortragspult zu gelangen.[41]

Kahn-Freund, von Kommilitonen als „deutsch-demokratischer-assimilierter Frankfurter“ bezeichnet[42], besaß das Bewusstsein trotz der Judenemanzipation Mitglied einer Minderheit und das Gefühl nicht „voll anerkannt“[43] zu sein. Er erklärte in seiner Studienzeit:

> „Ich bin kein Jude, bin nie einer gewesen, und den äußeren Schein meiner Zugehörigkeit zum Judentum werde ich abschütteln. [...] Eines allerdings gibt es, was mich in diesem Entschluß schwankend machen kann – der Antisemitismus, der rapid ansteigt.“[44]

Seine Zugehörigkeit zum Judentum beurteilte er im Laufe seines Lebens unterschiedlich.[45] Er schrieb in seinen in den letzten Lebensjahren angefangenen englischen Memoiren:

> „The most important single fact of my life is, that I am a jew.“[46]

Er engagierte sich als Mitglied einer Minderheit sein ganzes Leben für eine gerechtere Ausformung der Gesellschaft. Rechtslosigkeit, Unterdrückung und Diskriminierung waren ihm aus seiner eigenen Familiengeschichte präsent.[47] Als Jude war er sensibilisiert für „soziale Randlagen und politische Stigmatisierungen“.[48] Jude zu sein, bedeutete für ihn, Angehöriger einer „historischen Gemeinschaft, einer Schicksalsgemeinschaft“ zu sein.[49]

---

41 *Gert Schäfer*, Franz L. Neumann – biographische Skizze. In: Joachim Perels (Hrsg.), Recht Demokratie und Kapitalismus. Aktualität und Probleme der Theorie Franz L. Neumanns, Baden-Baden 1984, S. 211–215, hier S. 211; *Alfons Söllner*, Ein (un)deutsches Juristenleben. Franz Neumann zum 80. Geburtstag. In: Kritische Justiz 13 (1980), S. 427–437, hier S. 428; *Michael Wildt*, Die Angst vor dem Volk. Ernst Fraenkel in der deutschen Nachkriegsgesellschaft. In: Monika Boll / Raphael Gross (Hrsg.), „Ich staune, dass Sie in dieser Luft atmen können.“ Jüdische Intellektuelle in Deutschland nach 1954, Frankfurt am Main 2013, S. 317–344, hier S. 318–319.

42 *Ramm*, Kahn-Freund und Deutschland, S. XXI.

43 *Friedrich Battenberg*, Das europäische Zeitalter der Juden. Zur Entwicklung einer Minderheit in der nichtjüdischen Umwelt Europas, Bd. 2, Von 1650 bis 1945, Darmstadt, 2. Auflage 2000, S. 244.

44 *Ramm*, Kahn-Freund und Deutschland, S. XXI.

45 *Husemann*, S. 210.

46 *Ramm*, Kahn-Freund und Deutschland, S. XXI.

47 Zu dieser Beobachtung hinsichtlich Fraenkel: *Ladwig-Winters*, Fraenkel, S. 51.

48 *Franz Walter / Stine Marg*, Von der Emanzipation zur Meritokratie. Betrachtungen zur 150-jährigen Geschichte von Arbeiterbewegung, Linksintellektuellen und sozialer Demokratie, Göttingen 2013, S. 69.

49 Archiv der sozialen Demokratie der Friedrich-Ebert-Stiftung, Nachlass Kurt Mattick, Mappe 360, Grabrede Otto Kahn-Freund, 8. April 1975.

Kahn-Freund bestand 1923 die erste juristische Staatsprüfung – im Jahr des so bezeichneten Hitler-Putsches[50] – und 1927 die zweite juristische Staatsprüfung jeweils mit der Note gut beim Landesjustizprüfungsamt in Frankfurt am Main.[51] Während der Referendarzeit im Oberlandesgerichtsbezirk Frankfurt am Main arbeitete er gemeinsam mit Fraenkel in Sinzheimers Rechtsanwaltskanzlei in Frankfurt am Main in der Goethestraße 26 in der Nähe des Frankfurter Opernhauses. Seit 1927 waren Neumann[52] und ab 1928 Franz Mestitz (1904–1994), der 1933 in die Slowakei floh, ab 1952 Professor für Arbeitsrecht in Bratislava war und 1972 nach Frankfurt am Main zurückkehrte,[53] bei Sinzheimer in der Kanzlei tätig.[54] Die Kanzlei war Anlaufstelle und Mittelpunkt für sozialdemokratische Juristen und sozialdemokratisch gesonnene Mandanten. Sie galt als gewerkschaftsnah. Auf der Gegenseite stand bei Prozessen häufig der arbeitgebernahe Rechtsanwalt und Geschäftsführer der Vereinigung deutscher Arbeitgeberverbände Hermann Meissinger (1884–1956) – im Nachkriegsdeutschland Präsident des Landesarbeitsgerichts München[55].[56]

Noch während seines Studiums trat Kahn-Freund 1922 der SPD bei.[57] Neben dem persönlichen Einfluss durch den Sozialdemokraten Sinzheimer[58] war es wohl die Ablehnung des Antisemitismus durch die SPD, die dazu führte, dass Kahn-Freund SPD-Mitglied wurde, in der er keinen bedeutenden Parteiposten

---

50 *Otto Gritschneder*, Bewährungsfrist für den Terroristen Adolf Hitler. Der Hitler-Putsch und die bayerische Justiz, München 1990.

51 Hessisches Hauptstaatsarchiv Wiesbaden Abt. 518, Nr. 18695, Auszug aus den Personalakten des ehemaligen Preußischen Justizministeriums II c K. 3605, Dr. Kahn-Freund, Schreiben Otto Kahn-Freund an den Herrn Minister der Justiz in Bonn, November/Dezember 1956, Schreiben Max Cahn an den Regierungspräsidenten in Wiesbaden – Entschädigungsbehörde, 7. Januar 1958, Wiedergutmachungsbescheid, Senator für Inneres II J Berlin Wilmersdorf an Prof. Dr. Otto Kahn-Freund, 20. März 1957; Kahn-Freund, Autobiographische Erinnerungen, S. 187.

52 *Kubo*, S. 60; *Ziemann*, S. 362.

53 *Rasehorn*, S. 17, 45–93.

54 *Kahn-Freund*, Autobiographische Erinnerungen, S. 183, 186; *Rasehorn*, S. 17, 61, 63.

55 *Franz Josef Düwell*, Das Erbe von Weimar. Unser Arbeitsrecht und seine Gerichtsbarkeit. In: Recht der Arbeit 63 (2010), S. 129–135, hier S. 131; *o.V.*, Präsident a.D. Dr. Hermann Meissinger. In: Recht der Arbeit 10 (1957), S. 410–420.

56 *Ernst Heinitz*, Aufbruch in eine neue Gerichtsbarkeit. In: Hans Bergemann / Berliner Freundes- und Förderkreis Arbeitsrecht (Hrsg.), Jüdische Richter in der Berliner Arbeitsgerichtsbarkeit, S. 156–159, hier S. 157; *Kubo*, S. 105.

57 *Bergemann / Ladwig-Winters*, S. 219; *Wolfgang Däubler*, Otto Kahn-Freund (1900–1979). Ideologiekritik und Rechtsfortschritt im Arbeitsrecht. In: Thomas Blanke (Hrsg.), Streitbare Juristen. Eine andere Tradition, Baden-Baden 1988, S. 380–389, hier S. 382.

58 *Husemann*, S. 211.

bekleidete.[59] In der SPD sollte es keine Unterschiede zwischen Juden und Nichtjuden geben. Innerhalb der SPD stand Kahn-Freund nach eigenen Angaben weiter rechts als Fraenkel und Neumann, die ebenfalls der SPD angehörten und in der Partei als juristische Intellektuelle und kleine Elite gegenüber der „Masse“ der Partei als „Störungsfaktoren“[60] isoliert waren. Kahn-Freund betonte in seinen autobiographischen Erinnerungen, die posthum 1981 in der „Kritischen Justiz“ abgedruckt wurden[61] und ein Bericht „aus der versunkenen Welt der deutsch-jüdischen Symbiose“ sind,[62] dass der „Gedanke der individuellen Freiheit“ für ihn mehr Bedeutung besaß als für seine „stärker marxistisch orientierten Freunde“,[63] die bürgerliche und marxistische Ansichten miteinander verbanden,[64] ohne einem dogmatischen Marxismus anzuhängen. Wohl mehr als seine Freunde Fraenkel und Neumann wollte Kahn Freund „sozialistische Utopie zwar nicht aufzugeben, aber auf ein realistisches Maß zurückzuschneiden“.[65] Kahn-Freund lehnte rechte und linke Extrempositionen ab. Der KPD folgten weder Kahn-Freund, Fraenkel, Neumann noch Sinzheimer. Sie widersetzten sich totalitären Politikvorstellungen und zeigten keine Sympathien für die KPD und die Sowjetunion,[66] die ihnen mit ihren antisemitischen Pogromen fremd war. Eine Zusammenarbeit mit Kommunisten war für sie unmöglich. Eine Zurückstoßung des Kommunismus führte zu einem Zusammengehörigkeitsgefühl. Die Gedanken Sinzheimers, Kahn-Freunds, Fraenkels und Neumanns besaßen bis in die Studentenbewegung der 1960er Jahre in der Bundesrepublik Deutschland eine Fernwirkung. Sie wirkten – so Ramm, der mit Kahn-Freund nach dem 2. Weltkrieg in Wissenschaft und Praxis eng zusammenarbeite[67] – 1968 „wie eine Brandfackel“.[68]

---

59 *Kahn-Freund*, Autobiographische Erinnerungen, S. 187.

60 Zu diesem Begriff: *Walter / Marg*, S. 49–69.

61 *Kahn-Freund*, Autobiographische Erinnerungen, S. 183–200.

62 *Rasehorn*, S. 10.

63 *Kahn-Freund*, Autobiographische Erinnerungen, S. 186, 188–189.

64 *Ladwig-Winters*, Fraenkel, S. 47.

65 Stärker pauschalisierend: *Helga Grebing*, Jüdische Intellektuelle und ihre politische Identität in der Weimarer Republik. In: Mitteilungsblatt des Instituts für soziale Bewegungen 34 (2005), S. 11–23, hier S. 15.

66 *Däubler*, Kahn-Freund, S. 384; *Ladwig-Winters*, Fraenkel, S. 72.

67 *Thilo Ramm*, Zum freiheitlichen sozialen Rechtsstaat (Studien zur europäischen Rechtsgeschichte, Bd. 112), Frankfurt am Main 1999, S. XXXVIII.

68 *Thilo Ramm*, Die Reformfakultät und die 68er. Der Zeitzeuge und der Zeithistoriker nach 40 Jahren. In: Kritische Vierteljahresschrift für Gesetzgebung und Rechtsprechung 92 (2009), 115–139, hier S. 119.

Neben der SPD gehörte Kahn-Freund zwischen 1926 und 1928 dem „Reichsbanner Schwarz-Rot-Gold“ an.[69] Das Reichsbanner war 1924 gegründet worden und trat früher als andere Gruppen aktiv den Nationalsozialisten entgegen.[70] Kahn-Freunds Mitgliedschaft im Reichsbanner verdeutlichte die enge Zusammenarbeit von Juden mit diesem.[71] Kahn-Freund war Mitglied der „Vereinigung sozialdemokratischer Juristen“[72] und mit dem Sozialpolitiker und Nationalökonomen Emil Lederer (1892–1939)[73], dem Gewerkschafter und Wirtschaftsjournalisten Fritz Naphtali (1888–1961)[74], Renner, dem Gewerkschafter Fritz Tarnow (1880–1951)[75] Mitglied der „Sozialistischen Vereinigung für Wirtschafts- und Gesellschaftsforderung“. Eine Hauptforderung dieser Vereinigung waren verbesserte Arbeitsbeschaffungsprogramme.[76]

II. Der Sinzheimer-Kreis

Kahn-Freund gehörte neben Fraenkel, Mestitz, Neumann, Carlo Schmid (1896–1979), späterer Bundesminister für Angelegenheiten des Bundesrates und der Länder, und Hans Morgenthau (1904–1980) zu den prominentesten Schülern Sinzheimers,[77] die als Juristen und Denker die Weimarer „Rechtskultur maßgebend befruchtet haben“[78] und im Gegensatz zu den Rechtssoziologen

---

69 *Bergemann / Ladwig-Winters*, S. 219; *Bergemann*, Kahn-Freund, S. 79.

70 *Everhard Holtmann*, Republiktreu – republikverdrossen. Linke Gegenkultur. In: Bayerische Landeszentrale für politische Bildungsarbeit (Hrsg.), Die Weimarer Republik, Bd. 2, Der brüchige Friede 1924–1928, München 1994, S. 241–292, hier S. 275–277 m.w.N.; *Ludyga*, Auerbach, S. 19–20.

71 *Arnold Paucker*, Deutsche Juden im Widerstand 1933–1945. Tatsachen und Probleme (Beiträge zum Widerstand 1933–1945), Berlin 1999, S. 6.

72 *Bergemann / Ladwig-Winters*, S. 219; *Bergemann*, Kahn-Freund, S. 79.

73 *O.V.*, Emil Lederer. In: Österreichisches Biographisches Lexikon, Bd, 5, Wien 1972, S. 82–83.

74 *Hans Jaeger*, Naphtali, Fritz. In: Neue deutsche Biographie, Bd. 18, Berlin 1997, S. 730–731; *Jehuda Riemer*, Fritz Perez Naphtali – Sozialdemokrat und Zionist (Schriftenreihe des Instituts für deutsche Geschichte Universität Tel Aviv, Bd. 12), Gerlingen 1991.

75 *Gerhard Beier*, Fritz Tarnow. Arzt am Krankenhausbette des Kapitalismus. In: Ders., Schulter an Schulter, Schritt für Schritt. Lebensläufe deutscher Gewerkschafter, Köln 1983, S. 197–202.

76 *Walter / Marg*, S. 60–61.

77 *Ernst Fraenkel*, Hugo Sinzheimer. In: Ders., Reformismus und Pluralismus. Materialien zu einer ungeschriebenen politischen Autobiographie, hrsg. von Falk Esche / Frank Grube, Hamburg 1973, S. 131–142, hier S. 137; *Luthardt*, Arbeit, Recht und Gerechtigkeit, S. 183; *Ziemann*, S. 363.

78 Zu diesem Gedanken: *Rasehorn*, S. 37.

Hermann Kantorowicz (1877–1940) und Ehrlich keine „Freirechtler“[79] waren.[80] Die Schüler Sinzheimers waren zentrale Vertreter der Arbeitsrechtswissenschaften und hofften auf eine „kollektiven Demokratie“ in Weimar.[81] Sie bildeten eine „arbeitsrechtliche Avantgarde“, die weltweit Beachtung fand.[82] Sie vertraten trotz Gemeinsamkeiten unterschiedliche rechtstheoretische und rechtsmethodische Standpunkte.[83] Zentrales Publikationsorgan der Sinzheimer Schule war die Zeitschrift „Arbeitsrecht“.[84] Fraenkel und Kahn-Freund, bei dem „Arbeiterbewegung und jüdische Intellektualität“ aufeinander trafen,[85] waren die engsten Schüler Sinzheimers.[86]

Sinzheimer, selbst ein Außenseiter, vermittelte seinen Schülern den engen Zusammenhang von „Theorie und Praxis“[87] im Arbeitsrecht[88] und die Erkenntnis, dass das „Arbeitsrecht ein gesellschaftliches Phänomen ist“.[89] Kahn-Freund erklärte er, „der akademische Jurist solle erforschen, wozu der Praktiker keine Zeit habe“.[90] Die Schüler Sinzheimers machten sich eine „empirische Orientierung der Rechtswissenschaft“ zu Eigen.[91] Sie traten von Sinzheimer sensibilisiert für Demokratie, Menschenrechte und soziale Gerechtigkeit ein. Geprägt von Toleranz und Offenheit wollten sie politische und soziale Ungleichheiten überwinden.[92] Nach Fraenkel lernten die Schüler bei Sinzheimer,

---

79 Zur Abgrenzung: *Ernst Fraenkel*, 47. Die Krise des Rechtsstaats und die Justiz (1931). In: Ders., Gesammelte Schriften, Bd. 1, Recht und Politik in der Weimarer Republik, hrsg. von Hubertus Buchstein, Baden-Baden 1999, S. 445–458, hier S. 449.

80 *Rottleuthner*, S. 207.

81 *Ladwig-Winters*, Fraenkel, S. 48.

82 *Düwell*, Weimar, S. 129.

83 *Zachert*, Sinzheimer, S. 107.

84 *Kubo*, S. 105.

85 *Walter / Marg*, S. 69.

86 *Kubo*, S. 124; Rasehorn, S. 61.

87 *Gunther Kühne*, Juristenemigration 1933–1945 und der Beitrag der deutschen Emigranten zum Rechtsleben. In: Neue Juristische Wochenschrift 49 (1996), S. 2966–2970, hier S. 2967.

88 *Hans-Peter Benöhr*, Hugo Sinzheimer (1875–1945). In: Bernhard Diestelkamp / Michael Stolleis (Hrsg.), Juristen an der Universität Frankfurt am Main, Baden-Baden 1989, S. 67–83, hier S. 75.

89 *Rasehorn*, S. 62.

90 *Otto Kahn-Freund*, Comperative Law as an Academic Subject. In: Ders., Selected Writings, London 1978, S. 278; *Jabs*, S. 92.

91 *Thomas Raiser*, Grundlagen der Rechtssoziologie, Tübingen, 6. Auflage 2013, S. 33.

92 Archiv der sozialen Demokratie der Friedrich-Ebert-Stiftung, Nachlass Kurt Mattick, Mappe 360, Grabrede Otto Kahn-Freund, 8. April 1975; *Ladwig-Winters*, Fraenkel, S. 51; *Wildt*, Angst, S. 319.

> „was man vermutlich nirgendwo damals in Deutschland in gleicher Weise zu lernen Gelegenheit hatte: das Recht als Faktor und Produkt des Sozialprozesses zu begreifen, eingebettet in den Strom sozialer und ökonomischer Kräfte, aber geadelt durch das Ethos, ja das Pathos einer universellen Gerechtigkeitsidee.“[93]

Sinzheimer war für Kahn-Freund eine „Leitfigur“,[94] der bei ihm das Interesse für das Arbeitsrecht und die Rechtssoziologie – zwei grundlegende Aspekte seiner späteren Forschungen – hervorrief.[95] Erstmals gehört hatte er Sinzheimer bei einer öffentlichen Veranstaltung von Sozialdemokraten und der Fortschrittlichen Volkspartei – später Deutsche Demokratische Partei (DDP) – im Frankfurter Ostpark 1917 nach der russischen Februarrevolution mitten im 1. Weltkrieg. In seinen Erinnerungen berichtete er darüber eindrucksvoll:

> „Im Sommer 1917 war ich im Ostpark in Frankfurt eine große Demonstration, und zwar eine Demonstration sowohl der sozialdemokratischen als auch der Demokratischen Partei zur Zeit der sog. Friedenrevolution des Reichstags vom Juli 1917. Es waren sechs oder sieben Redner anwesend. Einer dieser Redner war Sinzheimer. Damals sah ich ihn zum ersten Male. Ich war noch nicht siebzehn. Er hat mich einfach überwältigt. Er war ein glänzender Redner. Ich wußte immerhin schon genug und hatte auch genug gelesen, um sofort an Lasalle zu denken, mit dem er eine gewisse Ähnlichkeit hat – und auch wiederum eine große Verschiedenheit. Aber jedenfalls, Sinzheimer hat mich stark beeindruckt. Dies ist für mich unvergesslich, ich sehe es heute und ich höre ihn noch: Friede, Freiheit, Brot. So etwa kann man nicht vergessen.“[96]

Fraenkel machte Kahn-Freund im Studium näher mit Sinzheimer bekannt.[97] Kahn-Freund bekannte sich eindeutig zu einem Schüler-Lehrer Verhältnis gegenüber Sinzheimer, indem er schrieb:

> „Aber man muß, [...] Sinzheimer als Redner und vor allem als Lehrer erlebt haben, um die Kraft der ethischen Überzeugung zu ermessen, die durch jede seiner glänzenden und zündenden Reden hindurchleuchtete. Seine Gedanken haben den Werdeprozeß seiner Schüler entscheidend bestimmt. Keiner konnte sich der Gewalt seines Wortes entziehen, und ein jeder war erwärmt von dem Feuer seines Willens zu sozialer Gerechtigkeit und zur Befreiung des Menschen.“[98]

Mit Thilo Ramm gab Kahn-Freund 1976 in Absprache mit Fritz Eberhard (1896–1982) – nach 1945 Mitglied des Parlamentarischen Rats und Intendant

---

93 *Ernst Fraenkel*, 68. Hugo Sinzheimer (1958). In: Ders., Gesammelte Schriften, Bd. 1, S. 620–631, hier S. 626.

94 *Fraenkel*, Sinzheimer, S. 137; *Luthardt*, Arbeit, Recht und Gerechtigkeit, S. 183; *Ziemann*, S. 363; *Wildt*, Angst, S. 318.

95 *Husemann*, S. 211.

96 *Kahn-Freund*, Autobiographische Erinnerungen, S. 185.

97 *Kubo*, S. 133.

98 *Kahn-Freund*, Sinzheimer, S. 31.

des Süddeutschen Rundfunks,[99] geboren als Hellmut von Rauschenplat, –[100] die „Gesammelten Aufsätze und Reden“ Sinzheimers zum Arbeitsrecht und zur Rechtssoziologie heraus.[101] Er trug dazu bei, dass die Gedanken Sinzheimers zumindest theoretisch Eingang in die rechtliche und politische Kultur der Bundesrepublik Deutschland fanden.[102] Paradoxerweise fragte er Mestitz bei einem Treffen in den 1970er Jahren, ob „er von Sinzheimer beeinflußt sei.“[103] Über Sinzheimers Beitrag zum deutschen Arbeitsrecht schrieb Kahn-Freund 1976 treffend:

> „Die [...] Veröffentlichung der [...] Schriften von Hugo Sinzheimer bietet eine willkommene Gelegenheit, Rückschau zu halten auf das Werk und auf die Bedeutung des Schöpfers des deutschen Arbeitsrechts. Daß Sinzheimer dies war, kann keinem Zweifel unterliegen.“[104]

Neben Sinzheimer im Arbeitsrecht beeinflusste Hans Lewald (1883–1963) – in Frankfurt Inhaber des Lehrstuhls für Römisches und Bürgerliches Recht, Rechtsvergleichung und Internationales Privatrecht[105] – Kahn-Freund auf dem Gebiet des internationalen Privatrechts.[106] Allerdings konnte Kahn-Freund seine Interessen für das internationale Privatrecht noch nicht in der Weimarer Republik, sondern erst in der englischen Emigration entfalten,[107] wo er der deutschen Rechtswissenschaft eine „moderne internationalrechtliche [...] Dimension“ [108] gab. Kahn-Freunds Biographie beeinflusste sein wissenschaftliches Wirken und Werk nach 1945. Seine frühere primäre Fixierung auf das Arbeitsrecht in der Weimarer Zeit in Deutschland wich im Londoner Exil einer umfassenden Rechtsbetrachtung.

---

99 *Bernd Sösemann* (Hrsg.), Fritz Eberhard. Rückblicke auf Biographie und Werk (Beiträge zur Kommunikationsgeschichte, Bd. 9), Stuttgart 2001.

100 *Stuiber*, Die Initiatoren und Initiatorinnen von „German Educational Reconstrucition“, S. 49–50. Den Namen Fritz Eberhard – sein Deckname während des 2. Weltkriegs – nahm er nach 1945 an.

101 *Hugo Sinzheimer*, Arbeitsrecht und Rechtssoziologie. Gesammelte Aufsätze und Reden, 2 Bde. (Schriftenreihe der Otto Brenner Stiftung, 4), hrsg. von Otto Kahn-Freund / Thilo Ramm, Frankfurt am Main 1976.

102 *Stuiber*, Die Initiatoren und Initiatorinnen von „German Educational Reconstrucition“, S. 57.

103 *Rasehorn*, S. 62.

104 *Kahn-Freund*, Sinzheimer, S. 1.

105 *Alex Flessner*, Hans Lewald (1883–1963). In: Diestelkamp / Stolleis (Hrsg.), Juristen an der Universität Frankfurt am Main, S. 128–147.

106 *Jabs*, S. 83; *Kubo*, S. 133.

107 *Ramm*, Kahn-Freund und Deutschland, S. XXIII; *o.V.*, Kahn-Freund, S. 166.

108 *Kühne*, S. 2967.

Prägend waren für Kahn-Freund in der Weimarer Zeit die Gedanken Renners.[109] In den 1960er Jahren schrieb Kahn-Freund für die Neuauflage von Renners Werk, „Die Rechtsinstitute des Privatrechts und ihre soziale Funktion" die Einleitung und zusätzliche Anmerkungen.[110] Kahn-Freunds Abhandlung „Der Funktionswandel des Arbeitsrechts" von 1932[111] knüpfte an diese Schrift Renners von 1929[112] an. Kahn-Freund analysierte in seinem Werk die Wechselwirkung zwischen wirtschaftlichen und politischen Gegebenheiten und der Ausgestaltung des Arbeitsrechts vor dem 1. Weltkrieg und während der Weimarer Republik. Er wehrte sich in seinem Buch gegen die staatliche Sozialpolitik, die sich nach seiner Auffassung der Arbeitnehmerverbände bediente, um eigene Interessen durchzusetzen und warnte vor einer Einschränkung der sozialen Selbstbestimmung im Arbeitsrecht.[113]

III. „Akademie der Arbeit"

Kahn-Freund unterrichte an der von Sinzheimer und den Gewerkschaften sowie dem Staat Preußen getragenen „Akademie der Arbeit" an der Goethe-Universität Frankfurt.[114] Die Akademie – wie das 1923 gegründete „Institut für Sozialforschung" eine Einrichtung an der Universität[115] – war im Mai 1921 auf Veranlassung Sinzheimers und des Rechtshistorikers Eugen Rosenstock-Huessys (1888–1973)[116] errichtet worden. Sie stand den Gewerkschaften nahe und versuchte Wissenschaft sowie Praxis in der Lehre miteinander zu verbin-

---

109 *Kahn-Freund*, Autobiographische Erinnerungen, S. 187; *B.A.H.*, Sir Otto Kahn-Freund (1900–1979), Industrial Law Journal 193 (1979), S. 193–196, hier S. 194.

110 *Karl Renner*, Die Rechtsinstitute des Privatrechts und ihre soziale Funktion. Ein Beitrag zur Kritik des bürgerlichen Rechts (Arbeits- und sozialrechtliche Studien, Bd. 4), Stuttgart 1965; *Ramm*, Kahn-Freund und Deutschland, S. XXIX.

111 *Kahn-Freund*, Funktionswandel des Arbeitsrechts, S. 211–246.

112 *Karl Renner*, Die Rechtsinstitute des Privatrechts und ihre soziale Funktion. Ein Beitrag zur Kritik des bürgerlichen Rechts, Tübingen 1929. Siehe: *o.V.*, Kahn-Freund, S. 167.

113 *Kahn-Freund*, Der Funktionswandel des Arbeitsrechts, passim. Siehe *Sandro Blanke*, Soziales Recht oder kollektive Privatautonomie? (Beiträge zur Rechtsgeschichte des 20. Jahrhunderts, Bd. 46), Tübingen 2005, S. 201; *Martin Becker*, Arbeitsvertrag und Arbeitsverhältnis während der Weimarer Republik und in der Zeit des Nationalsozialismus (Juristische Abhandlungen, Bd. 44), Frankfurt am Main 2005, S. 69.

114 *Kahn-Freund*, Autobiographische Erinnerungen, S. 189; *Bergemann*, Kahn-Freund, S. 80; *Rasehorn*, S. 63.

115 *Notker Hammerstein*, Zur Geschichte der Johann Wolfgang-Goethe Universität zu Frankfurt am Main. In: Wissenschaftsgeschichte seit 1900. 75 Jahre Universität Frankfurt, Frankfurt am Main 1992, S. 124–141.

116 *Lothar Bossle* (Hrsg.), Eugen Rosenstock-Huessy. Denker und Gestalter, Würzburg 1989; *Kube*, S. 87.

den. Eine Ausbildung an der Akademie in Wirtschaftskunde, Arbeitsrecht und Sozialpolitik war für Nichtabiturienten möglich. Dozenten an der Akademie waren neben Kahn-Freund Fraenkel, Neumann, Naphtali, Franz Oppenheimer (1864–1943), Hendrik de Man (1885–1953) und Sinzheimer. Die Nationalsozialisten schlossen die Akademie im März 1933.[117]

Aufgabe der „Akademie der Arbeit“ bildete die Durchführung von Vorlesungen für Arbeiter auf dem Gebiet der Volkswirtschaft, dem „Bild der deutschen Volkswirtschaft“, in Rechtswissenschaften (Wesen des Rechts, Lehre vom Staat anhand der Reichsverfassung, Arbeitsrecht, Schlichtungswesen, Familienrecht, Recht der Erwerbsgesellschaften, Strafrecht, Strafvollzug, Zivilprozessrecht), Politik, Arbeit und Soziologie. 72 Hörer – darunter eine Frau – nahmen ihr Studium nach der Eröffnung der Akademie auf. Bis zu 200 Hörer wurden in Trimestern an der Akademie unterrichtet.[118] Eine der ersten Hörerinnen an der „Akademie der Arbeit“ war Kahn-Freunds spätere Ehefrau Elisabeth, die an der Universität Leipzig und Humboldt-Universität zu Berlin Rechtswissenschaften studierte sowie Mitglied der sozialistischen Arbeiterjugend, sozialistischen Studentenschaft und der SPD war.[119] Etwa zwei Drittel der Hörer gehörten den freien Gewerkschaften an, die damit einen Hauptanteil der Hörer stellten. Die übrigen Hörer waren Mitglied der Christlichen Gewerkschaften und der Gewerkschaften Hirsch-Duncker.[120]

IV. Kahn-Freunds Dissertation bei Hugo Sinzheimer

Kahn-Freund wurde 1925 bei Sinzheimer mit einer Arbeit über den „Umfang der normativen Wirkung des Tarifvertrags und der Wiedereinstellungsklau-

117 *Otto Antrick*, Die Akademie der Arbeit in der Universität Frankfurt am Main, Darmstadt 1966, S. 29, 44–46; *Willibald Huppuch*, Eugen Rosenstock-Huessy (1888–1973) und die Weimarer Republik. Erwachsenenbildung, Industriereform und Arbeitslosenproblematik (Schriften zur Sozial- und Wirtschaftsgeschichte, Bd. 6), Hamburg 2004, S. 52–87; *Stefan Papst*, Otto Uhlig (1902–1984). Meine Entwicklung vollzog sich nicht nach einem von vornherein festgelegten Plan. In: Dieter G. Maier / Jürgen Nürnberger / Stefan Papst (Hrsg.), Vordenker und Gestalter des Arbeitsmarkts. Elf Biografien zur Geschichte der deutschen Arbeitsverwaltung (HdBA-Bericht, Nr. 5), Mannheim 2012, S. 205–211, hier S. 207; *Rückert*, Prinzipien, S. 443; *Hans Thieme*, Eugen Rosenstock-Huessy als Rechtshistoriker. In: Lothar Bossle (Hrsg.), Eugen Rosenstock-Huessy. Denker und Gestalter, Würzburg 1989, S. 9–16, hier S. 10; *Zachert*, Sinzheimer, S. 106. Die Akademie eröffnete 1946 wieder den Lehrbetrieb. Seit 1951 besteht die Akademie in Form einer Stiftung, die vom Land Hessen und dem Gewerkschafsbund getragen wird.

118 *Antrick*, S. 30, 138–139; *Kubo*, S. 87.

119 Archiv der sozialen Demokratie der Friedrich-Ebert-Stiftung, Nachlass Walter Auerbach Mappe 61, Elisabeth Kahn-Freund an Walter Auerbach, 25. Juni 1946.

120 *Kubo*, S. 89.

sel"[121] mit der Note „summa cum laude" promoviert.[122] Fraenkel schrieb seine Dissertation bei Sinzheimer bereits 1923.[123] Neumann promovierte, obwohl er zum Schülerkreis Sinzheimers gehörte, nicht bei Sinzheimer sondern dem Strafrechtler und Rechtsphilosophen Max Ernst Mayer (1875–1923).[124]

Die Dissertation bedeutete den Abschluss der Studienjahre Kahn-Freunds. Sie erschien 1928 in den von Erwin Jacobi (1884–1965)[125] herausgegebenen „Schriften des Instituts für Arbeitsrecht an der Universität Leipzig", obwohl dieser der von Kahn-Freund behaupteten Einteilung von Tarifverträgen als öffentlich-rechtliche Verträge nicht folgte.[126] Bereits vor der Veröffentlichung der Arbeit war Kahn-Freund Gast am Institut Jacobis.[127] Die soziologische Prägung des Werks – Rechtssoziologie und Arbeitsrecht waren in der Studie untrennbar miteinander verbunden – sowie die Ablehnung des Naturrechts[128] und der Begriffsjurisprudenz weisen Kahn-Freund als Schüler Sinzheimers aus. Wie Sinzheimer schlug Kahn-Freund in seiner Dissertation eine Brücke zwischen Sozial- und Rechtswissenschaften.[129] Die praxisbezogene Arbeit zeigt die stark politische Dimension des Arbeitsrechts in der Weimarer Zeit und war ein politischer Text; frühzeitig zeigte sich, dass Kahn-Freund ein „politischer Jurist"[130] war. Er versuchte in seiner Dissertation, politisch etwas anzustoßen.

Ein Kernpunkt der Arbeit Kahn-Freunds war die Forderung, Tarifverträge als eine „normative Regelung" etwa im Rahmen der „Gleichheit der Arbeitsbe-

---

121 *Otto Kahn-Freund*, Umfang der normativen Wirkung des Tarifvertrages und Wiedereinstellungsklausel (Schriften des Instituts für Arbeitsrecht an der Universität Leipzig, Heft 15), Berlin 1928. Die Promotionsakte Kahn-Freunds ist im Universitätsarchiv der Johann Wolfgang Goethe-Universität Frankfurt am Main nicht mehr erhalten. In diesem Archiv befindet sich allerdings noch die Studentenkarte Kahn-Freunds (Universitätsarchiv Frankfurt am Main, Auskunft von Michael Maaser vom 21.10.2008).

122 Hessisches Hauptstaatsarchiv, Wiesbaden Abt. 518, Nr. 18695, Schreiben Otto Kahn-Freund an den Herrn Minister der Justiz in Bonn, November/Dezember 1956.

123 *Ernst Fraenkel*, Der nichtige Arbeitsvertrag, Frankfurt am Main 1923. Siehe: *Ladwig-Winters*, Fraenkel, S. 54.

124 *Fisahn*, S. 4; *Rückert*, Prinzipien, S. 443–444; *Rückert*, Neumann, S. 145; *Schäfer*, S. 211.

125 *Martin Otto*, Von der Eigenkirche zum Volkseigenen Betrieb: Erwin Jacobi (1884–1965), Beiträge zur Rechtsgeschichte des 20. Jahrhunderts 57, Tübingen 2008.

126 *Blanke*, Soziales Recht, S. 135; *Otto*, Eigenkirche, S. 137.

127 *Otto*, Eigenkirche, S. 71.

128 *Kahn-Freund*, Funktionswandel des Arbeitsrechts, S. 229; *Kahn-Freund*, Autobiographische Erinnerungen, S. 188.

129 *Lepsius*, S. 24; Rottleuthner, S. 203.

130 *Ramm*, Kahn-Freund und Deutschland, S. XXXII.

dingungen“ der Arbeitnehmer[131] oder des Verbots der „Akkord-, Überstundenarbeit“ anzuerkennen,[132] was Kahn-Freund nicht mit dem „Wesen [...] des Tarifvertrags“, sondern der „Unfertigkeit des positiven Rechts“ begründete.[133] Tarifverträge sollten Recht setzen, ohne dass ein Parlament ein entsprechendes Gesetz verabschiedet hatte.[134] Durch dieses Postulat sollten die Koalitionen zu „Trägern und Akteuren sozialer Selbstbestimmung“[135] werden. Zur Durchsetzung der normativ geltenden Bestimmungen des Tarifvertrags forderte Kahn-Freund ein eigenes Klagerecht der Betriebsvertretungen.[136] Auch wenn die Gedanken zur normativen Wirkung von Tarifverträgen bereits zuvor geäußert worden waren, besaßen sie zu diesem Zeitpunkt – so Richard Giesen – immer noch beinahe „revolutionären Charakter“[137] und setzten einen Markstein. Als einer der ersten Juristen ordnete Kahn-Freund den Tarifvertrag umfassend wissenschaftlich ein.[138]

Der rechtliche Charakter einer Wiedereinstellungsklausel in Verbandstarifverträgen war von enormer Bedeutung in der arbeitsrechtlichen Praxis während der Weimarer Zeit.[139] Kahn-Freund bezeichnete diese Thematik als das „Zentralproblem des Tarifrechts“.[140] Streiks waren zu dieser Zeit mit fristlosen Kündigungen verbunden, weshalb Tarifverträge nach einem Arbeitskampf oftmals folgende Klausel enthielten:

> „Die entlassenen Arbeitnehmer werden wieder eingestellt oder sind wieder einzustellen.“[141]

Die Rechtsnatur derartiger Wiedereinstellungsklauseln blieb in den Weimarer Arbeitsrechtswissenschaften umstritten. Die Klauseln besaßen Relevanz,

---

131 *Kahn-Freund*, Umfang der normativen Wirkung des Tarifvertrages, S. 20.

132 *Kahn-Freund*, Umfang der normativen Wirkung des Tarifvertrages, S. 55, 60.

133 *Kahn-Freund*, Umfang der normativen Wirkung des Tarifvertrages, S. 106.

134 *Richard Giesen*, Tarifvertragliche Rechtsgestaltung für den Betrieb. Gegenstand und Reichweite betrieblicher und betriebsverfassungsrechtlicher Tarifnormen (Jus privatum, Bd. 64), Tübingen 2002, S. 69.

135 *Zachert*, Legitimation, S. 1.

136 *Kahn-Freund*, Umfang der normativen Wirkung des Tarifvertrages, S. 114–115, 119.

137 *Giesen*, S. 69.

138 Zu nennen ist die Abhandlung von *Philipp Lotmar*, Der Arbeitsvertrag nach dem Privatrecht des Deutschen Reiches, 2 Bde., Leipzig 1902. Siehe: *Ladwig-Winters*, Fraenkel, S. 50.

139 *Blanke*, Soziales Recht, S. 132.

140 *Kahn-Freund*, Umfang der normativen Wirkung des Tarifvertrages, S. 79.

141 Zitiert nach: *Blanke*, Soziales Recht, S. 133. Siehe: *Knut Wolfgang Nörr*, Zwischen den Mühlensteinen. Eine Privatrechtsgeschichte der Weimarer Republik, Tübingen 1988, S. 191.

sofern ein Arbeitgeber nach der Beendigung eines Streiks seine Arbeitnehmer nicht wiedereinstellte, obgleich die den Streik beendenden Tarifverträge dies bestimmten. Gewerkschaften und Arbeitnehmer besaßen aus dem Tarifvertrag einen Anspruch gemäß § 328 BGB gegen die Tarifvertragspartei – den Arbeitgeberverband – auf die Arbeitgeber einzuwirken, entlassene Arbeitnehmer erneut einzustellen. Direkte Ansprüche von Gewerkschaften und Arbeitnehmern gegen die einzelnen Arbeitgeber bestanden nicht.[142] Das Landgericht Berlin entschied bei Bestehen derartiger Klauseln, dass Arbeitnehmer bei einer Weigerung des Arbeitgebers hinsichtlich einer Wiedereinstellung einen diesbezüglichen Anspruch gemäß § 826 BGB haben.[143] Sinzheimer bezweifelte die Effektivität einer solchen Rechtsprechung wegen der hohen subjektiven Voraussetzungen, die § 826 BGB im Rahmen des Vorsatzes aufstellte. Er verlangte vom Gesetzgeber Abhilfe zugunsten der Arbeitnehmer zu schaffen, damit Arbeitnehmer unmittelbar aus dem Tarifvertrag gegen den Arbeitgeber auf Wiedereinstellung klagen konnten.[144] Kahn-Freund knüpfte an diese Gedanken Sinzheimers an, auch wenn er im Detail einen anderen Standpunkt vertrat, und betrachtete Wiedereinstellungsnormen als Inhaltsnormen eines Tarifvertrags, die Kündigungen der Arbeitnehmer für unzulässig erklärten.[145] Er gelangte zu dem Ergebnis, dass Wiedereinstellungsklauseln „Kündigungen ihrer Wirksamkeit [...] entkleideten“[146] und schrieb:

> „Wo also eine Wiedereinstellungsklausel vereinbart ist, führt sie ipso iure und ohne daß irgendein weiteres Handeln der Individualparteien dazu nötig wäre, das Wiederaufleben der alten Arbeitsverhältnisse herbei, und zwar in dem Sinne, daß der Arbeitsvertrag als nie erloschen gilt.“[147]

V. Richter in Berlin

1. Ernennung zum Richter in Berlin

Nach der 2. Juristischen Staatsprüfung erhielt Kahn-Freund Kontakt mit dem anglo-amerikanischen Rechtskreis durch Forschungsaufenthalte in England

---

142 *Blanke*, Soziales Recht, S. 133; *Giesen*, S. 69.

143 LG Berlin, Juristische Wochenschrift 53 (1924), S. 1056–1057.

144 *Hugo Sinzheimer*, Das Kernproblem der Tarifrechtsreform. In: Juristische Wochenschrift 53 (1924), S. 1008–1011, hier S. 1009–1100.

145 *Kahn-Freund*, Umfang der normativen Wirkung des Tarifvertrages, S. 102. Siehe: *Blanke*, Soziales Recht, S. 137.

146 *Kahn-Freund*, Umfang der normativen Wirkung des Tarifvertrages, S. 102.

147 *Kahn-Freund*, Umfang der normativen Wirkung des Tarifvertrages, S. 102.

und den USA zwischen Juni 1927 und September 1928.[148] Ob er in den USA seinen Onkel Ernst Freund (1864–1932) besuchte, der Professor an der Law School in Chicago war, lässt sich den Quellen nicht entnehmen.[149] Ein Aufenthaltsaufenthalt in anderen Ländern war zu dieser Zeit ungewöhnlich.[150] Überlegungen für eine Emigration stellte Kahn-Freund damals noch nicht an.[151]

In Deutschland zurück entschied sich Kahn-Freund, obwohl ihm Walter Kaskel (1882–1928)[152] und Hermann Heller (1891–1933)[153] unabhängig voneinander eine Habilitation anboten,[154] zunächst gegen eine wissenschaftliche Laufbahn. Möglicherweise entschied er sich vor dem Hintergrund, dass eine SPD-Mitgliedschaft eine wissenschaftliche Laufbahn erschwerte,[155] gegen eine Habilitation. Der unternehmernahe Kaskel[156] hatte in Berlin die erste ordentliche Professur für Arbeitsrecht inne und war Mitbegründer und Redakteur der bis Juli 1933 erscheinenden „Neuen Zeitschrift für Arbeitsrecht“,[157] in der Kahn-Freund nach seinem Tod einen Beitrag über die „rechtliche Natur der Eingruppierungsklausel in Tarifverträgen“ verfasste.[158] Er hatte bis zu 800

148 Hessisches Hauptstaatsarchiv, Wiesbaden Abt. 518, Nr. 18695, Auszug aus den Personalakten des ehemaligen Preußischen Justizministeriums II c K. 3605, Dr. Kahn-Freund, Wiedergutmachungsbescheid, Senator für Inneres II J Berlin Wilmersdorf an Prof. Dr. Otto Kahn-Freund, 20. März 1957; *Bergemann / Ladwig-Winters*, S. 219; *Kubo*, S. 132; *o. V.*, Kahn-Freund, S. 167; *Ramm*, Kahn-Freund und Deutschland, S. XXIV.

149 *Jabs*, S. 84, Fn. 350; *Ramm*, Kahn-Freund und Deutschland, S. XXI.

150 *Stuiber*, Die Initiatoren und Initiatorinnen von „German Educational Reconstrucition“, S. 54.

151 *Stuiber*, Die Initiatoren und Initiatorinnen von „German Educational Reconstrucition“, S. 50; *Zimmermann*, Die deutschen Juden 1914–1945, S. 14. Während der Weimarer Republik emigrierten bis zu 40.000 Juden aus Deutschland nach Palästina und in die USA.

152 *Kubo*, S. 133; *o. V.*, Kahn-Freund, S. 167. Zu Kaskel: *Dieter G. Maier / Jürgen Nürnberger*, 125. Geburtstag des Mitbegründers des Neuen Zeitschrift für Arbeitsrecht Walter Kaskel und des neuzeitlichen Arbeitsrechts in Deutschland. In: Neue Zeitschrift für Arbeitsrecht 24 (2007), S. 1414–1417; *Dieter Maier*, Walter Kaskel (1882–1928). Mitgestalter des Arbeitsnachweises und der Arbeitslosenversicherung. In: Maier / Nürnberger / Papst (Hrsg.), Vordenker und Gestalter des Arbeitsmarkts, S. 141–152.

153 *Peter Graf von Kielmansegg*, Hermann Ignatz Heller. In: Neue Deutsche Biographie, Bd. 8, Berlin 1969, 477–479; *Christoph Müller*, Hermann Heller (1891–1933). Vom liberalen zum sozialen Rechtsstaat. In: Heinrichs / Franzki / Schmalz / Stolleis (Hrsg.), Deutsche Juristen jüdischer Herkunft, S. 767–780.

154 *Kahn-Freund*, Autobiographische Erinnerungen, S. 183; *o. V.*, Kahn-Freund, S. 167; Kubo, S. 133.

155 *Walter / Marg*, S. 64–65.

156 *Ladwig-Winters*, Fraenkel, S. 50.

157 *Meier / Nürnberger*, Kaskel, S. 1415–1416.

158 *Otto Kahn-Freund*, Die rechtliche Natur der Eingruppierungsklausel in Tarifverträgen. In: Neue Zeitschrift für Arbeitsrecht 9 (1929), S. 660–668.

Hörer in seinen Vorlesungen. Seine Seminare besuchten Studenten, Praktiker, Gewerkschaftler und Justizangehörige.[159] Sein Hauptwerk[160] war das Buch „Arbeitsrecht“, das 1928 in dritter Auflage erschien.[161] Hermann Dersch (1883–1961) bearbeitete das Werk in der Bundesrepublik Deutschland neu.[162]

Der Sozialdemokrat Heller und Kontrahent Carl Schmitts war zwischen 1928 und 1932 außerordentlicher Professor an der Humboldt-Universität Berlin und von 1932 bis 1933 ordentlicher Professor an der Frankfurter Goethe-Universität.[163] Kahn-Freund war von Heller begeistert und äußerte über ihn:

> „Er war der einzige in der Zunft des deutschen akademischen Betriebs, mit dem man vernünftig reden konnte.“[164]

Kahn-Freund zog in die Reichshauptstadt Berlin, wo er 1928 zum Richter ernannte wurde.[165] Berlin war zu dieser Zeit vor Frankfurt die politisch und kulturell lebendigste Stadt Deutschlands.[166] Berlin war Sitz des Reichstags und der Reichsregierung. Kahn-Freund wurde im Oktober 1928 in den Kammergerichtsbezirk Berlin „dem Amtsgericht Berlin zur unentgeltlichen Beschäftigung“ überwiesen. Von November 1928 bis Januar 1929 wirkte er am Landgericht Berlin II als Hilfsrichter,[167] seit Januar 1929 war er Hilfsrichter am Arbeitsgericht Berlin, bis er dort im Oktober 1929 in politisch exponierter Stellung als einziger der engeren Schüler Sinzheimers[168] zum Amtsgerichtsrat

---

159 *Meier / Nürnberger*, Kaskel, S. 1415.

160 *Meier / Nürnberger*, Kaskel, S. 1415.

161 *Walter Kaskel*, Arbeitsrecht (Enzyklopädie der Rechts- und Staatswissenschaft XXXI), Berlin, 3. Auflage 1928.

162 *Hermann Dersch*, Arbeitsrecht. Begründet von Walter Kaskel, Berlin/Göttingen/Heidelberg, 5. Auflage 1957.

163 *Graf von Kielmansegg*, S. 477–479; *Wilhelm Bleek*, Geschichte der Politikwissenschaft in Deutschland, München 2001, S. 216–221.

164 *Kahn-Freund*, Autobiographische Erinnerungen, S. 192.

165 *Bergemann / Ladwig-Winters*, S. 219.

166 *Eberhard Kolb*, Die Weimarer Republik (Oldenbourg Grundriss der Geschichte, Bd, 16), München, 7. Auflage 2009, S. 104–107; *Rasehorn*, S. 59; *Alfons Söllner*, Deutsche Politikwissenschaftler in der Emigration. Studien zu ihrer Akkulturation und Wirkungsgeschichte, Opladen 1996, S. 72.

167 Hessisches Hauptstaatsarchiv, Wiesbaden Abt. 518, Nr. 18695, Auszug aus den Personalakten des ehemaligen Preußischen Justizministeriums II c K. 3605, Dr. Kahn-Freund; Schreiben Otto Kahn-Freund an den Herrn Minister der Justiz in Bonn, November/Dezember 1956; *Kahn-Freund*, Autobiographische Erinnerungen, S. 197; *o.V.*, Kahn-Freund, S. 167.

168 *Rottleuthner*, S. 207.

und Vorsitzenden am Arbeitsgericht ernannt wurde.[169] 1929 waren 51 Vorsitzende am Arbeitsgericht Berlin tätig.[170] Zu Vorsitzenden eines Arbeitsgerichts, die „rechtsgelehrte Richter“ sein mussten, wurden in der Regel ordentliche Richter durch die Landesjustizverwaltung im Einvernehmen mit der obersten Landesbehörde für die Sozialverwaltung ernannt.[171] Bestellt wurden die Vorsitzenden mindestens für ein und höchstens neun Jahre. Erst nach dreijähriger Amtszeit konnten die Vorsitzenden auf Lebenszeit ernannt werden.[172] Landesjustizverwaltung und Sozialverwaltung führten die Dienstaufsicht über die Vorsitzenden.[173]

Kahn-Freund gehörte zur ersten Generation der Richter am Berliner Arbeitsgericht, das aufgrund des Arbeitsgerichtsgesetzes vom 23. Dezember 1926[174] am 1. Juli 1927 geschaffen worden war. In zeitlicher Hinsicht fiel die Ausarbeitung des Arbeitsgerichtsgesetzes in die Phase einer relativen Stabilisierung von Gesellschaft und Wirtschaft Weimars zwischen 1924 und 1928,[175] in der SPD und Zentrum auf dem Gebiet der Sozialpolitik eng zusammenarbeiteten.[176] Die Fortentwicklung des Arbeitsrechts über das Arbeitsgerichtsgesetz bedeutete einen entscheidenden Schritt auf dem Weg Deutschlands zu einem „Sozialstaat“.[177] In Preußen wurden durch das Arbeitsgerichtsgesetz 227 Arbeitsgerichte und in ganz Deutschland 527 Arbeitsgerichte errichtet.[178] Das Arbeitsgerichtsgesetz schuf in Deutschland eine eigene Arbeitsgerichtsbarkeit,

---

169 Hessisches Hauptstaatsarchiv, Wiesbaden Abt. 518, Nr. 18695, Auszug aus den Personalakten des ehemaligen Preußischen Justizministeriums II c K. 3605, Dr. Kahn-Freund; Wiedergutmachungsbescheid, Senator für Inneres II J Berlin Wilmersdorf an Prof. Dr. Otto Kahn-Freund, 20. März 1957, Schreiben Otto Kahn-Freund an den Herrn Minister der Justiz in Bonn, November/Dezember 1956; *Bergemann / Ladwig-Winters*, S. 219.

170 *O.V.*, Zur Entwicklung der Berliner Arbeitsgerichtsbarkeit 1927 bis 1933. In: *Hans Bergemann / Berliner Freundes- und Förderkreis* (Hrsg.), Jüdische Richter in der Berliner Arbeitsgerichtsbarkeit, Berlin 2013, S.11–20, hier S. 14.

171 RGBl 1926 I, S. 508; *Reinhold Regensburger*, Der Vorsitzende im arbeitsgerichtlichen Verfahren. In: Walter Kaskel (Hrsg.), Die Arbeitsgerichtsbarkeit. Arbeitsrechtliche Seminarvorträge IV, Berlin 1929, S. 193–241, hier S. 194; *Leonhard Wenzel*, 75 Jahre deutsche Arbeitsgerichtsbarkeit, Juristenzeitung 20 (1965), S. 697–702, 749–754, hier S. 751.

172 *Regensburger*, S. 198.

173 *Regensburger*, S. 206.

174 RGBl 1926 I, S. 507.

175 *Ulrich Kluge*, Die Weimarer Republik, Paderborn/München/Wien/Zürich 2006, S. 260.

176 *Schmidt*, S. 17.

177 *Schmidt*, S. 19.

178 *O.V.*, Zur Entwicklung der Berliner Arbeitsgerichtsbarkeit 1927 bis 1933, S. 12.

deren Errichtung auf Forderungen der Gewerkschaften, die den langsamen Geschäftsgang der ordentlichen Gerichte beklagten, zurückzuführen war. Die Gewerkschaften gingen davon aus, dass die Richter der ordentlichen Gerichte sich reaktionären Kräften verbunden fühlten und Feinde des sozialen Fortschritts waren.[179] Errichtet wurde mit den Arbeitsgerichten, den Landesarbeitsgerichten als Kammern bei den Landgerichten und dem Reicharbeitsgericht, das ein besonderer Senat des Reichsgerichts war, in Anlehnung an die ordentliche Gerichtsbarkeit ein dreigliedriger Instanzenzug für das individuelle und kollektive Arbeitsrecht.[180] Die Eingliederung der Arbeitsgerichte in den übergeordneten Rechtszügen widersprach den Interessen der Gewerkschaften, die für eine Unabhängigkeit der Arbeitsgerichte in allen Instanzen von den ordentlichen Gerichten eintraten.[181] Sinzheimer und Kaskel konnten sich mit ihren Forderungen gegen die Angliederung der Arbeitsgerichte an die ordentlichen Gerichte in zweiter und dritter Instanz nicht durchsetzen.[182]

Erster Sitz des Berliner Arbeitsgerichts, das das größte Arbeitsgericht in Deutschland mit über 4 Millionen Gerichtseingesessenen war,[183] waren die

179 *Wenzel*, S. 750.

180 RGBl. 1926 I, S. 507–508. Zuständig war die Arbeitsgerichtsbarkeit für „bürgerliche Rechtsstreitigkeiten zwischen Tarifvertragsparteien oder zwischen diesen und Dritten aus Tarifverträgen und für bürgerliche Rechtsstreitigkeiten zwischen tarifvertragsfähigen Parteien oder diesen und Dritten aus unerlaubten Handlungen“, für „bürgerliche Rechtsstreitigkeiten zwischen Arbeitgebern und Arbeitnehmern aus dem Arbeits- oder Lehrverhältnis, über das Bestehen oder Nichtbestehen eines Arbeits- oder Lehrvertrags, aus Verhandlungen über die Eingehung eines Arbeits- oder Lehrverhältnisses und aus dessen Nachwirkungen sowie für bürgerliche Rechtsstreitigkeiten aus unerlaubten Handlungen“, „für bürgerliche Rechtstreitigkeiten zwischen Arbeitnehmern und Arbeitgebern aus gemeinsamer Arbeit und aus unerlaubten Handlungen“ sowie für Streitigkeiten aus dem Betriebsrätegesetz. Siehe: *Preller*, S. 342; Münchener Handbuch zum Arbeitsrecht / *Richardi*, München, 3. Auflage 2009, § 2 Historische Grundlagen, Rn. 33; *Michaela Thiele*, Die Auflösung von Arbeitsverhältnissen aufgrund Anfechtung und außerordentlicher Kündigung nach der Rechtsprechung des Reichsarbeitsgerichts (1927–1945) (Rechtshistorische Reihe, Bd. 205), Frankfurt am Main/Berlin/Bern/Bruxelles/New York/Wien 2000, S. 40.

181 *Preller*, S. 342.

182 *Preller*, S. 262.

183 *Sabine Hanna Leich / André Lundt*, Zur Geschichte des Berliner Arbeitsgerichts. In: Gesamtgerichtsrat der Berliner Gerichte für Arbeitssachen (Hrsg.), 60 Jahre Berliner Arbeitsgerichtsbarkeit, S. 39–126, hier S. 56–57; *o.V.*, Zur Entwicklung der Berliner Arbeitsgerichtsbarkeit 1927 bis 1933, S. 14. Der Bezirk des Arbeitsgerichts Berlin umfasste die Amtsgerichtsbezirke Berlin-Lichtenberg, Berlin-Lichterfelde, Berlin-Mitte, Berlin-Pankow, Berlin-Schöneberg, Berlin-Tempelhof, Berlin-Wedding, Berlin-Weissensee, Charlottenburg, Köpenick, Neukölln, Spandau, Alt-Landsberg, Bernau, Kalkberge, Königswusterhausen, Liebenwalde, Mittenwalde, Nauen, Oranienburg, Straußberg, Trebbin, Wendisch-Buchholz und Zossen.

Räume, in denen vorher das Gewerbe- und Kaufmannsgericht untergebracht war.[184] Insgesamt waren 1100 Menschen am Berliner Arbeitsgericht tätig.[185] Die Verfahrensdauer war äußerst schnell. 1929 wurden trotz Überlastung knapp 62 Prozent der Verfahren innerhalb von vier Wochen abgeschlossen.[186] Kahn-Freund beklagte dennoch, dass „in großstädtischen Verhältnissen eine wirkliche Mündlichkeit des Verfahrens bei der Überlastung der Landgerichtskammern und der Häufung zahlreicher Termine an einem Sitzungstag praktisch nicht mehr möglich ist.“[187]

Die Entscheidung Kahn-Freunds als Arbeitsrichter tätig zu sein, war vermutlich auch politisch motiviert. Seine konkrete Anstellung am Arbeitsgericht Berlin war auf eine Vermittlung Georg Flatows (1889–1944)[188] – Ministerialrat im preußischen Ministerium für Gewerbe und Handel und Honorarprofessor an der Universität Berlin – zurückzuführen.[189] Flatow und Kahn-Freund verfassten den damals führenden[190] Kommentar zum Betriebsrätegesetz, das Betriebsvertretungen (Betriebsrat, Arbeiterrat, Angestelltenrat) sowie Mitwirkungs- und Mitbestimmungsrechte innerhalb der Betriebsverfassung einräumte, die das Fundament der Betriebsverfassung in der Gegenwart bilden[191].[192] Sie trugen dazu bei, dass „wissenschaftlich fundierte Großkommentare“[193] Eingang in das Arbeitsrecht fanden. Kahn-Freund diskutierte im Kommentar wie in späteren Publikationen das „sozialpsychologische und juristische Problem der Doppel-Loyalität“[194] des Betriebsrats. Im Gegensatz zu dem

---

184 *Leich / Lundt*, S. 52.

185 *O.V.*, Zur Entwicklung der Berliner Arbeitsgerichtsbarkeit 1927 bis 1933, S. 14.

186 *O.V.*, Zur Entwicklung der Berliner Arbeitsgerichtsbarkeit 1927 bis 1933, S. 15.

187 *Kahn-Freund*, Funktion, S. 388–389.

188 *Hans-Peter Benöhr*, Der Beitrag deutsch-jüdischer Juristen zum Arbeits- und Sozialrecht. In: Zeitschrift für Religions- und Geistesgeschichte 48 (1996), S. 313–337, hier S. 330–334.

189 Hessisches Hauptstaatsarchiv, Wiesbaden Abt. 518, Nr. 18695, Auszug aus den Personalakten des ehemaligen Preußischen Justizministeriums II c K. 3605, Dr. Kahn-Freund; *Kahn-Freund*, Autobiographische Erinnerungen, S. 197; *Kubo*, S. 106.

190 *O.V.*, Kahn-Freund, S. 167; *Husemann*, S. 213.

191 *Richardi*, Betriebsverfassungsgesetz, München, 14. Auflage 2014, Einleitung Rn. 11; *Thiele*, S. 48.

192 *Georg Flatow / Otto Kahn-Freund*, Betriebsrätegesetz vom 4. Februar 1920, Berlin, 13. Auflage 1931.

193 *Kühne*, S. 2968.

194 *Hermann Reichold*, Belegschaftsvertretungen im Spannungsfeld divergierender Arbeitnehmerinteressen. In: Neue Zeitschrift für Arbeitsrecht 29 (Beilage 2012), S. 146–151, hier S. 146.

Kommentar von Werner Mansfeld,[195] der ein entscheidender „Architekt der NS-Arbeitsverfassung“ war,[196] bezogen Flatow und Kahn-Freund arbeitnehmerfreundliche Positionen.[197] Flatow, dessen herausragenden Leistungen für das deutsche Arbeitsrecht bis heute in den Wissenschaften nicht die notwendige Beachtung fanden, wurde, nachdem er 1943 im holländischen Exil von den Nationalsozialisten verhaftet worden war, 1944 in Auschwitz – seine letzte Station – ermordet.[198]

Kahn-Freunds Mitgliedschaft in der SPD war untypisch für einen Richter in der Weimarer Zeit,[199] von denen ein deutlicher Teil die Republik ablehnte.[200] In der Weimarer Zeit waren etwa 12000 Juristen Mitglied des konservativ ausgerichteten „Deutschen Richterbunds“ und nur 400 Juristen gehörten dem „Republikanischen Richterbund“, einer „kritischen Richtervereinigung“, an.[201]

Kahn-Freund verkehrte in Berlin in einem Kreis sozialistischer Intellektueller, dem Otto Kirchheimer (1905–1965),[202] der spätere Oberbürgermeister West-Berlins Otto Suhr (1894–1957),[203] mit seiner Ehefrau Susanne, Flatow und dessen Ehefrau, Fraenkel, Neumann, der Arbeitsrichter Hans Lehmann (1902–1988) – mit Kahn-Freund seit dem Studium in Frankfurt befreundet –,[204] und Herbert Komm – in der Bundesrepublik Deutschland Präsident des Landessozialge-

195 *Werner Mansfeld*, Betriebsrätegesetz: vom 4. Februar 1920 (RGBl. S. 147 ff.) mit den einschlägigen Nebengesetzen, Mannheim/Berlin, 3. Auflage 1930.

196 *Irene Raehlmann*, Arbeitswissenschaft im Nationalsozialismus. Eine wissenschaftssoziologische Untersuchung, Wiesbaden 2005, S. 163.

197 *Heinitz*, Aufbruch, S. 157.

198 Start of Georg Flatow Familiy Collection AR 4901, Leo Baeck Institute. Center of Jewish History (http://digital.cjh.org/view/action/singleViewer.do?dvs=1424685100943~908&locale=de_DE&VIEWER_URL=/view/action/singleViewer.do?&DELIVERY_RULE_ID=5&frameId=1&usePid1=true&usePid2=true; abgerufen am 23. Februar 2015); *Benöhr*, Arbeits- und Sozialrecht, S. 330–334; *Kubo*, S. 20.

199 *Däubler*, Kahn-Freund, S. 382.

200 *Reinhard Bendix*, Von Berlin nach Berkley. Deutsch-jüdische Identitäten, Frankfurt am Main 1985, S. 152; *Heinrich Hannover / Elisabeth Hannover-Drück*, Politische Justiz 1918–1933. Mit einem Vorwort von Joachim Perels, Bornheim-Merten 1987.

201 *Zachert*, Sinzheimer, S. 108.

202 *Riccardo Bavaj*, Otto Kirchheimers Parlamentarismuskritik in der Weimarer Republik. In: Vierteljahrshefte für Zeitgeschichte 55 (2007), S. 33–51, hier S. 38.

203 *Gunter Lange*, Otto Suhr. Im Schatten von Ernst Reuter und Willy Brand, Bonn 1994.

204 *Hans Bergemann*, Hans Lehmann. In: Ders. / Berliner Förder- und Freundeskreis Arbeitsrecht (Hrsg.), Jüdische Richter in der Berliner Arbeitsgerichtsbarkeit, S. 86–89; *Elisabeth Kahn-Freund*, Am Vorabend der Emigration. In: Gesamtgerichtsrat der Berliner Gerichte für Arbeitssachen (Hrsg.), 60 Jahre Berliner Arbeitsgerichtsbarkeit, S. 139–143, hier S. 140.

richts Berlin –[205] angehörten. Fraenkel und Neumann arbeiteten in Berlin gemeinsam in Räumen des Metallarbeiterverbandes in einer Anwaltskanzlei in der Alten Jacobstraße 148 in Berlin.[206] Zunächst traf sich der Kreis in einem Café in Berlin-Tiergarten in der Nähe des Potsdamer Platzes, später bei Neumann in der Dernburgstraße 32 in Berlin-Charlottenburg. Die Angehörigen des Kreises waren Mitglieder verschiedener Einrichtungen und debattierten über ihre Erfahrungen in unterschiedlichen öffentlichen und privaten Institutionen. Einig waren sie sich in der Bekämpfung des aufkommenden Nationalsozialismus.[207] Befreundet war Kahn-Freund mit dem Berliner Rechtsanwalt und Notar Ludwig Bendix (1877–1954),[208] dem Kahn-Freund auf wissenschaftlicher Ebene im Rahmen des arbeitsrechtlichen Güteverfahrens folgte.[209] Bendix verfasste soziologische Beiträge über die Unabhängigkeit der Richter[210] und war nebenamtlicher Vorsitzender Richter am Arbeitsgericht Berlin[211].[212]

Kahn-Freund war zu Beginn seiner richterlichen Laufbahn von einer Aufbruchsstimmung getragen und im Schatten des zunehmenden Erstarkens der NSDAP der jüngste Amtsgerichtsrat in Preußen.[213] Nur ein knappes Jahr nach seiner Ernennung zum Arbeitsrichter zogen am 14. September 1930 die Nationalsozialisten mit 107 Abgeordneten in den Reichstag ein. Die SPD erhielt nur noch 143 Reichstagsmandate.[214]

---

205 *O.V.*, Herbert Komm. In: Gesamtgerichtsrat der Berliner Gerichte für Arbeitssachen (Hrsg.), 60 Jahre Berliner Arbeitsgerichtsbarkeit, S. 182–183.

206 *Fisahn*, S. 4–5; *Kubo*, S. 123; *Ladwig-Winters*, Fraenkel, S. 77, 86; Reform und Resignation. Gespräche über Franz L. Neumann, hrsg. von *Rainer Erd*, Frankfurt am Main 1985, S. 40.

207 *Kahn-Freund*, Autobiographische Erinnerungen, S. 188; *Ladwig-Winters*, Fraenkel, S. 69–70; *o.V.*, Kahn-Freund, S. 167.

208 *O.V.*, Dr. Ludwig Bendix. In: Gesamtgerichtsrat der Berliner Gerichte für Arbeitssachen (Hrsg.), 60 Jahre Berliner Arbeitsgerichtsbarkeit, S. 152–154.

209 *Kahn-Freund*, Funktion, S. 389.

210 *Rottleuthner*, S. 203.

211 *Bendix*, S. 171.

212 *Kahn-Freund*, Am Vorabend der Emigration, S. 139–140.

213 Hessisches Hauptstaatsarchiv, Wiesbaden Abt. 518, Nr. 18695, Auszug aus den Personalakten des ehemaligen Preußischen Justizministeriums II c K. 3605, Dr. Kahn-Freund, Schreiben Otto Kahn-Freund an den Herrn Minister der Justiz in Bonn, November/Dezember 1956, Schreiben Hardmann Philipps Mann an den Herrn Bundesminister der Justiz, 11. Oktober 1956.

214 *Kurt Bauer*, Nationalsozialismus. Ursprünge, Anfänge, Aufstieg und Fall, Wien/Köln/Weimar 2008, S. 166; *Michael Wildt*, Geschichte des Nationalsozialismus, Göttingen 2008, S. 54.

Kahn-Freund stellte wie Sinzheimer einen mangelnden republikanischen und demokratischen Geist bei den Weimarer Richtern fest.[215] Er erkannte, dass die republikanisch gesinnten Richter in der Weimarer Zeit sich in einer strukturell unterlegenen Position befanden. Über seine Richterkollegen, denen er in der Mehrheit hinsichtlich des Vertrauens in die Republik misstraute, urteilte Kahn-Freund in seinen Erinnerungen:

> „Die Grundhaltung des Richtertums in der Weimarer Republik kann man nicht verstehen, wenn man übersieht, wieweit die aktiven, die amtierenden Richter in der Ideologie des Kaiserreichs erzogen wurden, als Studenten, beim Militär, jenes Prestige des Reserveleutnants. Ferner die Wirkung der Inflation auf die Klasse, aus der die Richter kamen. [...] Notwendig gewesen wäre ein Revirement über die Erziehung, die Erziehung einer neuen Richtergeneration."[216]

Kahn-Freunds Tätigkeit als Arbeitsrichter fiel in die Zeit der Weltwirtschaftskrise und Massenarbeitslosigkeit. Die Arbeitslosenquote stieg von 6,7 Prozent im Jahr 1928 auf 28,1 Prozent 1932.[217] Die dadurch hervorgerufenen sozialen Spannungen bedeuteten für die an den Arbeitsgerichten tätigen Richter starke innere Belastungen[218] und führten zu einem Ende des Ausbaus der Weimarer Sozialpolitik.[219] Kahn-Freund galt als arbeitnehmerfreundlich und gewerkschaftsnah.[220] Beim „Verband Berliner Metallindustrieller" war er unbeliebt.[221] Er erlebte als Richter den Niedergang und die Zerschlagung der Weimarer Republik. Seine richterliche Tätigkeit in der Weimarer Republik beschrieb er in seinen Erinnerungen mit den Worten:

> „Mit zunehmender Wirtschaftskrise überwiegen Fälle von Entlassungen und Einspruchs wegen unbilliger Härte aufgrund des Betriebsrätegesetzes. Das war unser tägliches Brot. Da bestand die Möglichkeit, dem Individuum bis zu einem bestimmten Grade zu helfen. Ich habe es als meine Aufgabe angesehen, wie das im Gesetz auch vorgesehen war, so weit wie möglich einen Vergleich zwischen den Parteien herbeizuführen."[222]

---

215 *Robert Kuhn*, Die Vertrauenskrise der Justiz (1926–1928). Der Kampf um die Republikanisierung der Rechtspflege in der Weimarer Republik, Köln 1983, S. 50.

216 *Kahn-Freund*, Autobiographische Erinnerungen, S. 198.

217 *Schmidt*, S. 20; *Rolf Wiggershaus*, Die Frankfurter Schule. Geschichte, Theoretische Entwicklung, politische Bedeutung, München, 2. Auflage 1989, S. 259.

218 *Walter Strauss*, Ernst Heinitz zum 70. Geburtstag, In: Hans Lüttger (Hrsg.), Festschrift für Ernst Heinitz zum 70. Geburtstag am 1. Januar 1972, Berlin 1972, S. 7–16, hier S. 9.

219 *Schmidt*, S. 20.

220 *Husemann*, S. 211; *Rottleuthner*, S. 203; *Zachert*, Sinzheimer, S. 107.

221 *Kahn-Freund*, Autobiographische Erinnerungen, S. 197.

222 *Kahn-Freund*, Autobiographische Erinnerungen, S. 197.

Kahn-Freund bemühte sich in Anknüpfung an Artikel 157 Absatz der „Verfassung des Deutschen Reichs“, nach dem das „Reich“ ein „einheitliches Arbeitsrecht“ „schafft“,[223] um eine Fortentwicklung des Arbeitsrechts. Mit Artikel 157 der Weimarer Reichsverfassung, dessen Ausformulierung maßgeblich auf Sinzheimer als Mitglied der verfassungsgebenden Nationalversammlung zurückzuführen war,[224] wurden erstmals in der deutschen Rechtsgeschichte in einer Verfassung arbeitsrechtliche Grundsätze niedergelegt.[225] Allerdings bedeutete dieser Artikel keine unmittelbare Änderung der Rechtslage, sondern einen Auftrag an den Gesetzgeber. Gleichzeitig handelte es sich mehr als um eine bloße politische oder soziale Forderung.[226] Zur Schaffung eines einheitlichen Arbeitsrechts kam es in der Weimarer Zeit nicht.[227] Die Rechtsprechung im Arbeitsrecht besaß in der Weimarer Zeit wegen der „unsystematischen Gelegenheitsgesetzgebung“ eine entscheidende Bedeutung. Die Arbeitsrichter waren „Ersatzgesetzgeber“ und „Richterkönige“.[228] Als Richter wurde Kahn-Freund zu einer „herrschenden Figur im Arbeitsrecht“.[229] Er erklärte:

> „Vornehme Zurückhaltung und Unterlassung jeder Äußerung über die eigene Rechtsansicht sind im arbeitsgerichtlichen Verfahren häufig nicht am Platze. In vielen Fällen wird es nötig sein, dass das Gericht im Prozesse eine stärkere Aktivität entfaltet als die Parteien.“[230]

Kahn-Freund verband politisches und berufliches Engagement mit wissenschaftlicher Analyse.[231] Er befasste sich mit „soziologischen und zivilprozesspolitischen Problemen“ des Arbeitsrechts[232] und versuchte die subjektiven Werturteile zu erkennen, die Gerichtsentscheidungen auf dem Gebiet des Arbeitsrechts zugrunde lagen. Eine solche soziologische Erfassung des Rechts

---

223 RGBl 1919, S. 1413.

224 *Klaus L. Albrecht*, Hugo Sinzheimer in der Weimarer Nationalversammlung. Sein Beitrag zum wirtschaftlichen Rätesystem und zu den arbeits- und wirtschaftsrechtlichen Grundrechten der Reichsverfassung, Frankfurt am Main 1970, S. 70–75; *Kubo*, S. 81.

225 *Knut Wolfgang Nörr*, Arbeitsrecht und Verfassung. Das Beispiel der Weimarer Reichsverfassung von 1919, Zeitschrift für Arbeitsrecht 23 (1992), S. 361–377, hier S. 365.

226 *Nörr*, Arbeitsrecht und Verfassung, S. 367.

227 *Reinhard Dorn*, Verfassungssoziologie. Zum Staats- und Verfassungsverständnis von Ernst Fraenkel (Staatsdiskurse, Bd. 9), Stuttgart 2010. S. 35.

228 *Düwell*, Weimar, S. 130.

229 *Martin Otto*, „Die Materie war rechtlich schwierig“. Das Arbeitsrecht in der Weimarer Republik in Wissenschaft und Praxis am Beispiel des „Ruhreisenstreits“. In: Martin Löhnig / Mareike Preisner (Hrsg.), Weimarer Zivilrechtswissenschaft, S. 23–55, hier S. 33.

230 *Kahn-Freund*, Funktion, S. 392.

231 *Otto Kahn-Freund*, Die Rechtslage während der Kündigungsfrist bei ungerechtfertigter fristloser Kündigung. In: Arbeitsrechtspraxis 1929, S. 121–127.

232 *Kahn-Freund*, Funktion, S. 388.

beschrieb er als die „Darstellung der Beziehungen von Rechtsnorm und gesellschaftlicher Wirklichkeit".[233] Aus Sicht der wissenschaftlichen Zunft, die das „neue" Fachgebiet der Arbeitsrechtswissenschaften unzureichend wahrnahm, war er ein Außenseiter.

2. „Das soziale Ideal des Reichsarbeitsgerichts" und der „Funktionswandel des Arbeitsrechts"

Kahn-Freund setzte als Richter seine wissenschaftliche Publikationstätigkeit fort und veröffentlichte 1931 mit der Schrift „Das soziale Ideal des Reichsarbeitsgerichts" nach der Dissertation sein zweites Buch,[234] in dem er das der „Rechtsprechung des Reicharbeitsgerichts" „zugrundeliegende Sozialideal" analysierte.[235] Bei dem Begriff des „sozialen Ideals" knüpfte er an Rudolf Stammler (1856–1938) an.[236] Wie Stammler[237] unterschied Kahn-Freund zwischen „Sein und Sollen". Kahn-Freund stellte zu Beginn des Buches fest:

> „Das Eigenartige der gegenwärtigen Situation in Deutschland liegt darin, daß auf der einen Seite der Glaube an die Verwirklichung einer absoluten Gerechtigkeit durch die Justiz, und auch der Glaube an die allumfassende lückenlose Geschlossenheit des positiven Rechts erstorben ist, daß aber auf der anderen Seite eine allgemeine Uebereinstimmung über das von der Justiz zu verwirklichende Sozialideal nicht besteht."[238]

An die „Idee des vollständigen Positivismus", einer lückenlosen „Geschlossenheit eines Rechtssystems", glaubte er nicht.[239] Er ging nicht von einem „geschlossenen System" des Arbeitsrechts aus, sah einen Gestaltungsspielraum für die Justiz[240] und hielt fest:

> „Dass ein logisches System die vielen Gesetze zu einem großen Ganzen verbinde, glaubt heute fast niemand mehr, wenn auch vielleicht unserer Universitätsunterricht namentlich auf dem Gebiet des bürgerlichen Rechts und des Zivilprozesses, noch häufig an jener Auffassung festhält."[241]

---

233 *Kahn-Freund*, Funktionswandel des Arbeitsrechts, S. 211.

234 *Otto Kahn-Freund*, Das soziale Ideal des Reichsarbeitsgerichts (Abhandlungen zum Arbeitsrecht, Heft 7), Mannheim/Berlin/Leipzig 1931.

235 *Kahn-Freund*, Ideal, S. 1.

236 *Blanke*, Soziales Recht, S. 75.

237 *Zachert*, Legitimation, S. 7.

238 *Kahn-Freund*, Ideal, S. 2.

239 *Kahn-Freund*, Funktionswandel des Arbeitsrechts, S. 228.

240 *Kahn-Freund*, Funktion, S. 390.

241 *Kahn-Freund*, Funktion, S. 390.

Kritisch hinterfragte Kahn-Freund das den Urteilen des Reichsarbeitsgerichts zugrundeliegende Gesellschaft- und Sozialideal.[242] Er kombinierte juristisch-dogmatische und rechtssoziologische Ansätze.[243] Kahn-Freund ging davon aus, dass richterliche Entscheidungen von dem Gesellschaftsverständnis der Richter abhingen und juristischen Entscheidungen eine Abwägung sich widerstreitender Interessen vorausging.[244]

Kahn-Freund betrachtete die Rechtsprechung des Reichsarbeitsgerichts als Einheit[245] und rückte die Funktion des Arbeitsrechts zum Schutz der Arbeitnehmer[246] in den Vordergrund. Er setzte sich in der Schrift mit Auflösungstendenzen des kollektiven Arbeitsrechts am Ende der Weimarer Zeit auseinander und schrieb:

> „Heute ist das Arbeitsrecht etwas völlig verschiedenes von dem, was es noch kurz nach dem Kriege gewesen ist, ja es hat sich auch in seiner Gestalt seit der Zeit der Stabilisierung vollkommen gewandelt. War es einstmals ein Hilfsmittel der unterdrückten Klasse zu ihrem Aufstieg, so ist es heute in der Hand des Reichsarbeitsgerichts ein Mittel des Staates zur Niederhaltung von Klassengegensätzen und zum Schutz des Individuums geworden.“[247]

Er legte seiner Untersuchung arbeitsrechtliche Bestimmungen zugrunde, ordnete diese entsprechenden Urteilen des Reichsarbeitsgerichts zu und gelangte zu dem Ergebnis, dass sich das Reichsarbeitsgericht nicht an die entsprechenden Normen hielt, sondern sich darüber hinwegsetzte. Er warnte vor einer Zunahme der Macht der Justiz im Arbeitsrecht[248] und schrieb:

> „Niemand wird heute mehr töricht genug sein, von dem Richter zu erwarten, daß er seine Entscheidung in Kämpfen von politisch ausschlaggebender Bedeutung aus einem Gesetz herzuleiten vor sich selbst vorgibt, das in Wirklichkeit eine Regelung gar nicht enthält. Was man aber vom Reichsarbeitsgericht erwarten müßte, ist Offenheit. [...] Das menschlich und sachlich Befremdende und Bedauerliche ist der immer wieder unternommene Versuch, diese hochpolitische Rechtsprechung als einen Akt bloßer Gesetzesanwendung hinzustellen.“[249]

---

242 *Wolfgang Däubler*, Das soziale Ideal des Bundesarbeitsgerichts. Überarbeitete Neuauflage des Beitrags in „Streik und Aussperrung“, Frankfurt am Main/Köln 1975, S. 13; *Luthardt*, Arbeit, Recht und Gerechtigkeit, S. 184.

243 *Kahn-Freund*, Funktion, S. 388–392.

244 *Blanke*, Soziales Recht, S. 75–76; *Luthardt*, Arbeit, Recht und Gerechtigkeit, S. 184.

245 *Däubler*, Ideal, S. 13.

246 *Zachert*, Legitimation, S. 1–8.

247 *Kahn-Freund*, Ideal, S. 63.

248 *Becker*, S. 144.

249 *Kahn-Freund*, Ideal, S. 61–62.

Er beklagte eine zu starke Einbindung der Betriebsräte in die liberale Weimarer Arbeitsverfassung.[250] Nach seiner Ansicht verfolgte das Gericht eine gegen die Gewerkschaften gerichtete Rechtsprechung. Die Rechtsprechung des Reichsarbeitsgerichts entsprach nach seiner Auffassung auf kollektiv- und individualrechtlicher Ebene sowie hinsichtlich des Fürsorgegedankens[251] „Gedankengängen des Faschismus".[252] Er versuchte nachzuweisen, wie sich eine faschistische Gesinnung in Urteilen zeigte.[253] Grundthesen zu seiner Untersuchung entwickelte er in Seminaren bei Heller an der Berliner Universität.[254] Bei dem Begriff des Faschismus orientierte sich Kahn-Freund am faschistischen italienischen Recht,[255] das er – wie Sinzheimer – genau studierte,[256] und nicht am Faschismus der NSDAP.[257] Das faschistische Italien war für ihn das Negativbeispiel für die Beeinflussung und Unterwanderung der Gewerkschaften durch den Staat.[258] Berücksichtigt werden muss, dass der Faschismusvorwurf zu dieser Zeit nicht so gravierend wirkte wie nach dem 2. Weltkrieg.[259] Faschistisch-ideologisches Gedankengut sah Kahn-Freund darin, dass das Reichsarbeitsgericht vom Arbeitnehmer im „Produktionsinteresse Disziplin"[260] verlangte,[261] in der „Unterordnung" der Arbeitnehmer „unter die Befehlsgewalt" des Arbeitgebers,[262] im „Vorrang des Gemein-

250 *Becker*, S. 144.

251 *Husemann*, S. 215.

252 *Kahn-Freund*, Ideal, S. 25.

253 *Ekkehard Klausa*, Deutsche und amerikanische Rechtslehrer. Wege zu einer Soziologie der Jurisprudenz (Schriften der Vereinigung für Rechtssoziologie, Bd. 5), Baden-Baden 1981, S. 189.

254 *Kahn-Freund*, Autobiographische Erinnerungen, S. 193; *Otto*, S. 72.

255 *Husemann*, S. 215; *Hans Kreller*, Rez. zu: Otto Kahn-Freund, Das soziale Ideal des Reichsarbeitsgerichts (Abhandlungen zum Arbeitsrecht, Heft 7), Mannheim/Berlin/Leipzig 1931. In: Archiv für civilistische Praxis 136 (1932), S. 363.

256 *Zachert*, Sinzheimer, S. 109.

257 *Rüfner*, S. 55.

258 *Blanke*, Soziales Recht, S. 94

259 *Ramm*, Kahn-Freund und Deutschland, S. XXV.

260 *Kahn-Freund*, Ideal, S. 41.

261 *Kahn-Freund*, Ideal, S. 46, 61.

262 *Kahn-Freund*, Ideal, S. 42; *Betram Michel*, Die Entwicklung der Arbeitsgerichtsbarkeit in den Faschismus. In: Reifner (Hrsg.), Das Recht des Unrechtsstaats, S. 154–178, hier S. 168.

wohls“, in der „Überbetonung des Wirtschaftsfriedens“[263] und der Betonung des Gedankens einer „Treuepflicht und Fürsorgepflicht“.[264] Er schrieb:

> „Das Entscheidende bleibt die Unterwerfung und die Bindung, sowie die Verbindung zwischen Arbeitgeber und Arbeitnehmer im Interesse eines angeblich höheren Dritten. Und in diesen entscheidenden Punkten stimmt die faschistische Ideologie mit dem Sozialbild des Reichsarbeitsgerichts restlos überein.“[265]

Kahn-Freund war in der Weimarer Republik einer derjenigen, der die heftigste Kritik am Reichsarbeitsgericht ausübte.[266] Sofern er wahrgenommen wurde,[267] erreichte er mit seinen Behauptungen in der Fachwelt Aufmerksamkeit.[268] Der Laienrichter am Reichsarbeitsgericht und Arbeitsrechtsexperte beim Allgemeinen Deutschen Gewerkschaftsbund Clemens Nörpel (1885–1944),[269] ein früherer Gast in den Seminaren Kaskels,[270] veranstaltete gegen das Werk Kahn-Freunds ein „Kesseltreiben“,[271] ohne sich mit dessen Thesen genauer auseinanderzusetzen.[272] Nörpel konnte Kahn-Freunds Studie über das „soziale Ideal des Reichsarbeitsgerichts“ vor Drucklegung einsehen[273] und bemühte sich darum, den Druck des Buchs zu verhindern.[274] In einem offenen Brief verlangte er von Kahn-Freund, von einer Publikation des Buchs Abstand zu nehmen.[275] Nach Erscheinen des Werks verfasste er Briefe an zahlreiche Arbeitsrechtsprofessoren – so an Hueck, Jacobi, Nipperdey und Ernst Molitor (1886–1963),[276] in denen er erklärte, dass der Gewerkschaftsbund die Ansich-

---

263 *Blanke*, Soziales Recht, S. 164; *Michel*, S. 168.

264 *Kahn-Freund*, Ideal, S. 43; *Michel*, S. 168.

265 *Kahn-Freund*, Ideal, S. 47–48.

266 *Benöhr*, Arbeits- und Sozialrecht, S. 327, Fn. 78.

267 *Andreas Kaiser*, Arbeitsrechtswissenschaft und Gewerkschaften gegen Ende der Weimarer Zeit. In: Reifner (Hrsg.), Das Recht des Unrechtsstaates, S. 130–153, hier S. 133.

268 *Benöhr*, Arbeits- und Sozialrecht, S. 313–337, hier S. 327, Fn. 78; *Martin Martiny*, Integration oder Konfrontation. Studien zur Geschichte der sozialdemokratischen Rechts- und Verfassungspolitik (Schriftenreihe des Forschungsinstituts der Friedrich-Ebert-Stiftung, Bd. 122), Bonn 1976, S. 133.

269 *Husemann*, S. 218; *Otto*, „Die Materie war rechtlich schwierig“, S. 34, Fn. 49.

270 *Heinitz*, Aufbruch, S. 156–157.

271 *Kubo*, S. 134, Fn. 20.

272 *Kaiser*, Arbeitsrechtswissenschaft, S. 134.

273 *Heinrich August Winkler*, Der Schein der Normalität. Arbeiter und Arbeiterbewegung in der Weimarer Republik 1924 bis 1930, Berlin/Bonn, 2. Auflage 1988, S. 714.

274 *Kahn-Freund*, Autobiographische Erinnerungen, S. 193–194; *Martiny*, S: 134–135.

275 Abdruck der Briefe zwischen Kahn-Freund und Nörpel: *Otto Kahn-Freund*, Labour Law und Politics in the Weimar Republic, Oxford 1981, S. 226–232.

276 *Detlev Brunner*, Bürokratie und Politik des Allgemeinen Deutschen Gewerkschaftsbundes 1918/19 bis 1933 (Schriftenreihe der Otto Brenner Stiftung, Bd. 55), Frankfurt

ten Kahn-Freunds nicht teilte.[277] Er griff Kahn-Freund persönlich an und bezeichnete ihn als einen „Intellektuellen, der sich auf Kosten der Arbeiterbewegung, aus der er nicht stamme" profilieren wollte.[278] Unmittelbare Folge der Intervention Nörpels war, dass Kahn-Freund nicht wie in Aussicht gestellt auf eine Referentenstelle in das Preußische Handelsministerium wechselte, da Nörpel gemeinsam mit dem Vorstand der Reichsanstalt für Arbeitsvermittlung und Arbeitslosenversicherung Franz Spliedt (1877–1963) und der sozialdemokratischen Reichstagsabgeordneten Gertrud Hanna (1876–1944) dort gegen ihn agierte. Gegenüber dem Handelsministerium erklärte Nörpel, dass die „Gewerkschaften keineswegs geneigt seien, Kahn-Freund als ihren Vertreter anzuerkennen".[279] Nörpel, der sich innerhalb der Gewerkschaft hochgearbeitet hatte, betrachtete den jungen, akademisch gebildeten Arbeitsrichter Kahn-Freund als Feind.[280] Die Kritik an Kahn-Freund hing vermutlich auch mit der antisemitischen Einstellung Nörpels zusammen.[281] Die Ablehnung Kahn-Freunds Untersuchung durch die Gewerkschaften zeigt, dass die Gewerkschaften faschistischen Positionen nicht ausreichend entgegentraten.[282] Sie verdeutlicht zudem die problematische Beziehung zwischen Gewerkschaften und Intellektuellen.[283] Kahn-Freund distanzierte sich nach dem Streit mit Nörpel vom Allgemeinen Deutschen Gewerkschaftsbund.[284]

Der Rechtsanwalt Hans-Georg Anthes aus Berlin – im Nationalsozialismus Verfasser einer Abhandlung über den Kündigungsschutz[285] – bezeichnete die Annahmen in Kahn-Freunds Buch schlicht als „falsch" und behauptete, gewisse Thesen Kahn-Freunds seien ein „grober Irrtum".[286] Zusammenfassend stellte er über die Untersuchung fest:

> „Falsch in der wissenschaftlichen Methode, falsch in ihren Ausgangspunkten, falsch in der Beurteilung sozialer Zusammenhänge und Gegensätze, irregeleitet

---

am Main 1992, S. 180, Fn. 86; *Martiny*, S. 134; Otto, S. 72; *Hans Schlosser*, Molitor, Erich. In: Neue Deutsche Biographie, Bd. 17, Berlin 1994, S. 726–727.

277 *Husemann*, S. 218–219.

278 *Brunner*, S. 180, Fn. 86.

279 *Brunner*, S. 180, Fn. 86; *Husemann*, S. 218–219; Winkler, S. 715.

280 *Winkler*, S. 715–716.

281 *Däubler*, Kahn-Freund, S. 383–384.

282 *Kaiser*, Arbeitsrechtswissenschaft, S. 134.

283 *Winkler*, S. 714.

284 *Blanke*, Soziales Recht, S. 196.

285 *Hans-Georg Anthes*, Kündigungsschutz, München 1934.

286 *Hans-Georg Anthes*, Das soziale Ideal des Reichsarbeitsgerichts. In: Der Arbeitgeber 1931, S. 524–526, 557–558, hier S. 525.

> durch politische Sollvorstellungen und Wünsche, dazu vielfach verworren und unklar, bedeutet die Arbeit von Kahn-Freund keine Förderung, sondern eine Gefährdung der Arbeitsrechtspflege.“[287]

Fraenkel[288] begrüßte das Erscheinen der Schrift, da „eine fruchtbare Kritik der Justiz als Voraussetzung einer Justizreform nur möglich ist, wenn sie auf so gründlicher Kenntnis der Rechtsmaterie aufbaut, wie dies in der Kahn-Freundschen Schrift der Fall ist“.[289] Positiv beurteilten der Richter am Arbeitsgericht Mannheim und starke Kritiker des Reichsarbeitsgerichts Hugo Marx (1892–1979),[290] Neumann[291] und Sinzheimer die Studie, die in einer von Sinzheimer herausgegebenen Schriftenreihe erschien.[292] Kurz zuvor hatte der Mohr-Siebeck-Verlag einen Druck der Schrift trotz eines Empfehlungsschreibens von Heller wegen zu starker Auslastung des Verlags abgelehnt.[293] Kahn-Freund bemerkte zu seinem Werk rückblickend:

> „Zunächst einmal möchte ich festhalten, daß die Argumentation selbst überspitzt und stark polemisch ausgerichtet gewesen ist. [...] Ich habe in der Arbeit einen großen Fehler gemacht. Ich habe nämlich [...] das politische Selbstverständnis der Richter überschätzt. Es kann keine Rede davon sein, daß die Richter bewusst das faschistische Sozialideal verwirklicht haben. Und wenn ich dies formuliert habe, so war dies einfach ein Fehler. [...] Die Idee, daß die Richter ein bewußtes Sozialideal zum Ausdruck gebracht hätten, erscheint mir heute widersinnig.“[294]

Nachhaltige Kritik an Kahn-Freunds Werk erfolgte in der Bundesrepublik Deutschland. Knut Wolfgang Nörr bezeichnete 1988 die Behauptungen Kahn-Freunds als „die verwegendste These im ganzen Weimarer juristischen Schrifttum“.[295]

---

287 *Anthes*, Ideal, S. 558.

288 *Ernst Fraenkel*, Die Krise des Rechtsstaats und die Justiz. In: Die Gesellschaft 8 (1931), S. 327–341, hier S. 331; *Ders.*, 55. Rechtsprechung und Gewerkschaften (1932). In: Ders., Gesammelte Schriften, Bd. 1, S. 530–544, hier S. 543.

289 *Ernst Fraenkel*, 56. Chronik. In: Ders., Gesammelte Schriften, Bd. 1, S. 545–550, hier S. 549.

290 *Hugo Marx*, Besprechung. In: Die Gesellschaft 8 (1931), S. 569–572; *Hugo Marx*, Werdegang eines jüdischen Staatsanwalts und Richters in Baden 1892–1933. Ein soziologisch-politisches Zeitbild, Villingen 1965, S. 210–211.

291 *Martiny*, S. 134.

292 *Kahn-Freund*, Autobiographische Erinnerungen, S. 193; *Martiny*, S. 133. Sinzheimer gab gemeinsam mit Hermann Dersch und Friedrich Sitzler die Schriftenreihe „Abhandlungen zum Arbeitsrecht“ heraus. Die Schriften erschienen im Verlag J. Bensheimer.

293 Staatsbibliothek zu Berlin – Preußischer Kulturbesitz, Nachl.488_Mohr-Siebeck_A 0451,2.

294 *Kahn-Freund*, Autobiographische Erinnerungen, S. 193–194.

295 *Nörr*, Privatrechtsgeschichte, S. 220.

Ausgewogener war die Bewertung der Thesen Kahn-Freunds durch Betrtam Michel in einem von Udo Reifner 1981 herausgegebenen Sammelband.[296] Wolfgang Däubler diente Kahn-Freunds Schrift bei seiner Untersuchung des „sozialen Ideals des Bundesarbeitsgerichts" 1975 als Referenzwerk. Er behauptete, dass die Studie ein „heute noch Betroffenheit erzeugendes Ergebnis" bietet.[297] Hubert Rottleuthner kritisierte das methodische Vorgehen Kahn-Freunds. Er behauptete, dass Kahn-Freunds Arbeitsweise weder Aussagen zu einer faschistischen noch zu einer antifaschistischen Rechtsprechung des Reichsarbeitsgerichts zuließen.[298]

Kahn-Freund erkannte frühzeitig, dass die Rechtsprechung im Arbeitsrecht von „konservativem und reaktionärem Gedankengut" geprägt[299] und das Recht „Ausdruck einer bestimmten gesellschaftlichen Machtlage" war.[300] Die Arbeitsrechtswissenschaft bemühte sich wenige Jahre nach den Äußerungen Kahn-Freunds um eine Umsetzung faschistischer Gedanken im Arbeitsrecht.[301]

3. Der „Radiofall"

Aufsehen erregte der von Kahn-Freund am 14. März 1933 am Arbeitsgericht Berlin entschiedene und von ihm so bezeichnete Radiofall,[302] nachdem die NSDAP in der Reichstagswahl mit 43,9 Prozent am 5. März 1933 die höchste Stimmzahl je erlangt hatte.[303] Die Entscheidung im „Radiofall" erging zu einem Zeitpunkt, als die SA während Verhandlungen gewaltsam in Gerichtssäle des Arbeitsgerichts eindrang und Richter, Rechtsanwälte sowie Parteien einschüchterte.[304] Kahn-Freund war für den Fall zunächst nicht zuständig; er übernahm diesen erst, nachdem einige seiner Richterkollegen eine Übernahme des Falls aus Angst abgelehnt hatten.[305] Möglicherweise schoben ihm seine Kollegen den Fall zu, da er „nicht mehr viel zu verlieren" hatte.[306] Trotz seiner

296 *Michel*, S. 167–169.

297 *Däubler*, Ideal, S. 13.

298 *Klausa*, S. 190.

299 *Kaiser*, Arbeitsrechtswissenschaft, S. 133.

300 *Kahn-Freund*, Funktion, S. 390.

301 *Husemann*, S. 219.

302 *Kahn-Freund*, Autobiographische Erinnerungen, S. 199.

303 *Bauer*, S. 202; *Wildt*, Nationalsozialismus, S. 77–78.

304 *Leich / Lundt*, S. 46.

305 *Husemann*, S. 234.

306 *Ulrich Mückenberger*, Rechtsprechungsanalysen. Eine letzte Bekundung richterlicher Unabhängigkeit… Otto Kahn-Freunds Entscheidung im „Radiofall". In: Gesamtrichter-

als Sozialdemokrat und Jude gefährdeten persönlichen Situation übernahm Kahn-Freund diesen politischen Prozess und erklärte:

> „Verschiedene Kollegen drückten sich vor dem schwierigen Fall. Er kam dann zu mir."[307]

Die Ingenieure Günther Lubszynski und Hans Weigt sowie der Techniker Max Uecker waren auf Veranlassung der Reichsregierung durch die Reichsrundfunkgesellschaft in Berlin[308] am 9. Februar 1933 fristlos entlassen worden, da „ihre Person [...] nicht mehr diejenige Gewähr für die Sicherheit des Rundfunkbetriebs bietet, die für eine Beschäftigung in diesem lebenswichtigen Bereich unbedingt erforderlich ist".[309] Die Reichsrundfunkgesellschaft warf den Angestellten, die Hausverbot erhielten und bis zum Ablauf der Kündigungsfrist freigestellt wurden, eine „politische Betätigung oder Zugehörigkeit zu einer politischen Partei" vor.[310] Die Angestellten legten den vor einer Kündigungsschutzklage vor dem Arbeitsgericht Berlin notwendigen Einspruch beim Arbeiter- bzw. Angestelltenrat ein,[311] der scheiterte. Sie erhoben daraufhin eine auf § 84 Absatz 1 Nr. 1, 2, 4 Betriebsrätegesetz (BRG)[312] gestützte Klage vor dem Arbeitsgericht wegen der Kündigungen.[313] § 84 BRG bestimmte:

> „Arbeitnehmer können im Falle der Kündigung seitens des Arbeitgebers binnen fünf Tagen nach der Kündigung Einspruch erheben, indem sie den Arbeiter- oder Angestelltenrat anrufen: 1. wenn der begründete Verdacht vorliegt, daß die Kündigung wegen der Zugehörigkeit zu einem bestimmten Geschlechte, wegen politischer, militärischer, konfessioneller oder gewerkschaftlicher Betätigung oder wegen Zugehörigkeit oder Nichtzugehörigkeit zu einem politischen, konfessionellen oder beruflichen Verein oder einem militärischen Verband erfolgt ist; 2. wenn die Kündigung ohne Angabe von Gründen erfolgt ist; 3. wenn die Kündigung deshalb erfolgt ist, weil der Arbeitnehmer sich weigerte, dauernd andere Arbeit, als die bei der Einstellung vereinbarte, zu verrichten; 4. wenn die Kündigung sich als

---

rat der Berliner Gerichte für Arbeitssachen (Hrsg.), 60 Jahre Berliner Arbeitsgerichtsbarkeit, S. 249–270, hier S. 263.

307 *Kahn-Freund*, Erinnerungen, S. 199. Diese Sätze lassen – so Ulrich Mückenberger, der den „Radiofall" genau analysierte – die Frage zu, wie das „Kommen" des Falls mit Artikel 105 Satz 2 der „Verfassung des Deutschen Reichs" zu vereinbaren war, wonach niemand seinem gesetzlichen Richter entzogen werden durfte (RGBl 1919, S. 1403; Mückenberger, S. 263).

308 *Mückenberger*, S. 249–250, 253.

309 *Mückenberger*, S. 251, 262.

310 *Mückenberger*, 251.

311 RGBl 1920, S. 165–167; *Mückenberger*, S. 251, 264.

312 *Mückenberger*, S. 252–253.

313 *Husemann*, S. 232–233; *Mückenberger*, S. 252.

eine unbillige, nicht durch das Verhalten des Arbeitnehmers oder durch die Verhältnisse des Betriebs bedingte Härte darstellt."[314]

Kahn-Freund gab den Klagen statt.[315] Eine Härte gemäß § 84 Absatz 1 Nr. 4 BRG ergab sich nach dem Arbeitsgericht aus der „langen Beschäftigungszeit" der Kläger und ihren „Familien- und Vermögensverhältnissen"[316] sowie den „verschiedenen Begleitumständen der Kündigung" und der „unwiderlegten Angabe" einer völlig fernliegenden kommunistischen Gesinnung „aus einer bloßen Vermutung heraus".[317] Ein „weiteres Moment der Unbilligkeit" sah das Gericht in dem „entehrenden Ausdruck des Verdachts, die Kläger könnten Sabotage oder Störungsversuche vornehmen oder dulden".[318] Es betrachtete das sofortige „Verbot weiterer Betätigung und weiteren Betretens der Betriebsräume" durch die Kläger als unbillig.[319]

Entscheidungserheblich war nach den Ausführungen des Gerichts neben §§ 84 Nr. 1 und 4 BRG[320] § 85 Absatz 1 BRG,[321] wonach das Recht des Einspruchs nach § 84 Ziffer 1 BRG nicht galt für die in § 67 BRG genannten „politischen, gewerkschaftlichen, militärischen, konfessionellen, wissenschaftlichen, künstlerischen oder ähnlichen" Betriebe, soweit „die Eigenart dieser Bestrebungen" es bedingt.[322] Nach Kahn-Freund war diese Beschränkung des Kündigungsschutzes ohne Bedeutung, da die Kläger im technischen Bereich der Rundfunkgesellschaft beschäftigt waren und keinen Einfluss auf „die Programmgestaltung" ausübten.[323] Das Gericht verneinte hilfsweise die Frage, ob die Reichsrundfunkgesellschaft ein „politischer Tendenzbetrieb" ist. Aufgabe des Rundfunks sei es allein, „allen Deutschen ohne Unterschied der

314 RGBl 1920, S. 167.

315 *Mückenberger*, S. 249–270.

316 *Mückenberger*, S. 252, 258. Eine unbillige Härte der Kündigung im Sinne von § 84 Absatz 1 Nr. 4 BRG sahen die Kläger in der „Plötzlichkeit der Kündigung und ihren Begleitumständen" sowie einer „Verfemung und Diskreditierung der Kläger, die jede weitere Tätigkeit der Kläger an anderer Stelle erschwere, wenn nicht gar unmöglich mache".

317 *Mückenberger*, S. 258–259.

318 *Mückenberger*, S. 259.

319 *Mückenberger*, S. 259.

320 *Husemann*, S. 233.

321 RGBl 1920, S. 168.

322 RGBl 1920, S. 162.

323 *Husemann*, S. 235; *Mückenberger*, S. 258.

Parteirichtung die Teilnahme an dem öffentlichen Leben der Nation zu erleichtern“.[324] Ironisch kritisierte Kahn-Freund[325] die Reichsregierung im Urteil:

> „Das Gericht hat die Frage, ob die Beklagte ein politischer Tendenzbetrieb sei, verneint. Es ist richtig, dass in den letzten Monaten und namentlich in den letzten Wochen die Reichsregierung sich des Rundfunks in gesteigertem Maße zum Zwecke der Verbreitung von Mitteilungen und Ansprachen politischen Inhalts bedient hat. Das Gericht ist aber davon ausgegangen , dass die Regierung hierbei keine parteipolitische Tendenz verfolgt hat und dass die Benutzung der Rundfunkeinrichtungen durch die Regierung keinen anderen Sinn haben könnte als den, allen Deutschen ohne Unterschied der Parteirichtung die Teilnahme an dem öffentlichen Leben der Nation zu erleichtern.“[326]

In den Entscheidungsgründen erörterte Kahn-Freund, ob die Kündigungen wegen Verstoßes gegen § 134 BGB nichtig und damit unabhängig von den §§ 84 ff. BRG unwirksam waren.[327] Er zeigte auf, dass eine Kündigung, die einen Menschen an seiner Meinungsfreiheit gemäß Artikel 118 Absatz 1 S. 2 der „Verfassung des Deutschen Reichs“[328] hinderte, nach § 134 BGB i.V.m. Artikel 118 Absatz 1 der Weimarer Reichsverfassung nichtig war.[329] Die Verordnung des Reichspräsidenten „zum Schutz von Volk und Staat“ vom 28. Februar 1933,[330] die die Meinungsfreiheit beseitigte, hielt Kahn-Freund für nicht anwendbar, da die Kündigung zeitlich früher erfolgt war.[331] Diese Argumentation zeigte, dass das Arbeitsgericht an einer „Fiktion der Verfassungstreue“ der Regierung festhielt.[332] Noch nach der Machtübernahme der Nationalsozialisten versuchte es die „Weimarer Reichsverfassung“ zu verteidigen. Es sah dennoch keinen Verstoß gegen § 134 BGB, da es als nicht erwiesen betrachtete, dass die Reichsrundfunkgesellschaft den Technikern nur wegen „ihrer politischen Meinung“ gekündigt habe“.[333] Vermutlich verzichtete das Gericht auf die Begründung, dass die vermeintliche politische Einstellung der Kläger der eigentliche Kündigungsgrund war, da eine solche Argumentation aussichtslos war.[334]

---

324 *Mückenberger*, S. 257.

325 *Husemann*, S. 235.

326 *Mückenberger*, S. 257.

327 *Mückenberger*, S. 265.

328 RGBl 1919, S. 1405.

329 *Mückenberger*, S. 255; RGBl 1919, S. 1405.

330 RGBl 1933 I, S. 83.

331 *Mückenberger*, S. 255.

332 *Mückenberger*, S. 267.

333 *Husemann*, S. 234–235; *Mückenberger*, S. 255–256.

334 *Mückenberger*, S. 265.

Kahn-Freund sah den Tatbestand des § 84 Absatz 1 Nr. 1 BRG nach noch heute aktueller Begründung hinsichtlich einer Differenzierung zwischen vermeintlich politischer Einstellung und tatsächlichem Verhalten[335] als erfüllt an, da nach seiner Auffassung „der begründete Verdacht" bestand, „daß nur die von der Beklagten vermutete politische Gesinnung der Kläger Anlaß der Kündigungen war".[336] Die Kläger bestritten vor Gericht, Sympathisanten der Kommunisten zu sein.[337]

Kahn-Freund verurteilte die Reichsrundfunkgesellschaft gemäß § 87 BRG, die Kläger weiter zu beschäftigen und eine Entschädigung zu zahlen.[338] Das Urteil zeigte, welche Argumentationsmöglichkeiten zur Verteidigung des Rechtsstaats offen standen.[339] Kahn-Freund bemerkte zu dem Fall:

> „Es war ein dramatischer Fall, die Verhandlung dauerte den ganzen Tag. Ich hatte wirklich die Möglichkeit, die Unabhängigkeit der Gerichte durch meine eigene Tätigkeit in diesem Augenblick zu bekunden."[340]

Das Urteil gilt als Beispiel richterlicher Unabhängigkeit.[341] Es bildete einen der letzten Versuche, dem formell noch geltenden Recht in der Praxis zur Durchsetzung zu verhelfen.[342] Gegenüber seiner Ehefrau Elisabeth – tätig in der praktischen Sozialarbeit –[343], die er 1931 geheiratet hatte und mit der er in Berlin-Tempelhof in einer Gartensiedlung lebte,[344] äußerte Kahn-Freund:

> „Er könne nun noch einmal das zum Ausdruck bringen, was leider nur noch wenige zu sagen wagten."[345]

---

335 *Mückenberger*, S. 265.

336 *Mückenberger*, S. 257.

337 *Husemann*, S. 232.

338 *Mückenberger*, S. 259.

339 *Däubler*, Kahn-Freund, S. 384; *Ramm*, Kahn-Freund und Deutschland, S. XXVI.

340 *Kahn-Freund*, Autobiographische Erinnerungen, S. 199.

341 *O.V.*, Kahn-Freund, S. 168.

342 *Mückenberger*, S. 263.

343 Archiv der sozialen Demokratie der Friedrich-Ebert-Stiftung, Nachlass Walter Auerbach Mappe 61, Elisabeth Kahn-Freund an Walter Auerbach, 25. Juni 1946.

344 Hessisches Hauptstaatsarchiv, Wiesbaden Abt. 518, Nr. 18695, Auszug aus den Personalakten des ehemaligen Preußischen Justizministeriums II c K. 3605, Dr. Kahn-Freund, Eidesstattliche Versicherung, Otto Kahn-Freund, 24. September 1957; *Bergemann / Ladwig-Winters*, S. 219; *Kahn-Freund*, Am Vorabend der Emigration, S. 139–143.

345 *Kahn-Freund*, Am Vorabend der Emigration, S. 142.

Die Kläger wurden nach dem Prozess verhaftet[346] und flohen nach Holland.[347] Nach der Entscheidung erging am 4. April 1933 das „Gesetz über Betriebsvertretungen und wirtschaftliche Vereinigungen“, das den Kündigungsschutz deutlich lockerte.[348]

VI. Entlassung aus der Justiz

Die Machtübernahme der Nationalsozialisten bildete für Kahn-Freund, der erkannte, dass der nationalsozialistische Antisemitismus nicht kontrollierbar und die Basis für ein jüdisches Leben nicht nur in Berlin, wo vermutlich 160.000 Juden lebten, sondern in ganz Deutschland verloren war, einen Wendepunkt in seinem Leben.[349] Die Machtübernahme erklärte Kahn-Freund bezogen auf die Gewerkschaften mit den Worten:

> „Wir haben die Macht der Gewerkschaften in der Weimarer Republik weit überschätzt und die Macht der Reichswehr erheblich unterschätzt.“[350]

Er beklagte,

> „dass die Abtötung des Willens des Einzelnen zur lebendigen Mitwirkung an der gewerkschaftlichen Willensbildung einer der Gründe war, die zum Zusammenbruch der Gewerkschaften im Jahre 1933 führten.“[351]

Er ging von einer „außerordentlichen Gefahr einer Überschätzung der Gewerkschaft“ und zu engen „Verflechtung der Arbeiterschaft und ihrer Organisationen mit der kapitalistischen Gesellschaft“ aus. Eine Ursache für das Scheitern der Weimarer Republik bildete für ihn, dass die Gewerkschaften Organe der Wirtschaftspolitik waren und sich nicht an gewerkschaftlichen Zielen orientierten. Er kritisierte an den Gewerkschaften der Weimarer Zeit, dass sich diese nicht auf den „sozialpolitischen Bereich“ beschränkten und stellte fest:

---

346 *Husemann*, S. 237; *Kahn-Freund*, Autobiographische Erinnerungen, S. 199; *Kahn-Freund*, Am Vorabend der Emigration, S. 142.

347 *Kahn-Freund*, Autobiographische Erinnerungen, S. 199; *Kahn-Freund*, Am Vorabend der Emigration, S. 142.

348 RGBl 1933 I, S. 161; *Mückenberger*, S. 261.

349 *Wolf Gruner*, Die Reichshauptstadt und die Verfolgung der Berliner Juden 1933–1945. In: Reinhard Rürup (Hrsg.), Jüdische Geschichte in Berlin, Berlin 1995, S. 229–255, hier S. 229.

350 *Kahn-Freund*, Autobiographische Erinnerungen, S. 196.

351 Archiv der sozialen Demokratie der Friedrich-Ebert-Stiftung, Nachlass Werner Hansen, Otto Kahn-Freund, Beiträge zum Neuaufbau des deutschen Arbeitsrechts, London 1944.

> „Es war das Verhängnis unserer Weimarer Gewerkschaften, dass sie sich zu viel mit Arbeitsrecht abgaben, und dabei ihren Kampfgeist beeinträchtigen ließen.“[352]

Er erklärte 1944:

> „Die Funktion rechtlicher Institutionen ist sekundär. Primär ist die soziale Kraft der Gewerkschaften. Diese beruht nicht auf bloßen Zahlen und Institutionen sondern auf der lebendigen Mitwirkung des Einzelnen. Diese mögen Gemeinplätze sein. Gemeinplätze haben aber die Eigenschaft, in Vergessenheit zu geraten.“[353]

Kahn-Freund beklagte nach 1945, dass die Gewerkschaften gegenüber dem Nationalsozialismus nicht militant genug waren.[354] Entscheidende Bedingungen für die nationalsozialistische Aggression waren für ihn die „Anfälligkeit“ der „deutschen Mittelklasse“ gegenüber dem Nationalsozialismus und die „Unterordnung des lutheranischen Protestantismus unter die landesfürstliche Autorität“. Er beklagte, dass das Christentum „keine lebendige Kraft mehr in den Großstädten des protestantischen Deutschlands“ war.[355]

Neben den von Kahn-Freund genannten Umständen trugen diverse Faktoren zum Niedergang der Weimarer Republik und des „Sozialstaats“ bei.[356] Zwischen „Arbeit und Kapital“ existierten nicht zu lösende „Verteilungskonflikte“. Staatliche Subventionen führten zu einer massiven Belastung des öffentlichen Haushalts.[357] Die demokratischen Parteien und Gewerkschaften waren nicht in der Lage, einen entscheidenden Beitrag zur Aufrechterhaltung der Republik zu leisten.[358]

Kahn-Freund erkannte, dass es unmöglich war, als Richter die Gesellschaft zu reformieren und die Weimarer Republik zu retten.[359] Sein Glaube, die Justiz an demokratische Gesetze jenseits der Verfolgung von politischen Interessen binden zu können[360] und eine von ihm zunächst propagierte „bessere Ordnung“

---

352 Archiv der sozialen Demokratie der Friedrich-Ebert-Stiftung, Nachlass Walter Auerbach, Brief Kahn-Freund an Walter Auerbach vom 8.4.1940.

353 Archiv der sozialen Demokratie der Friedrich-Ebert-Stiftung, Nachlass Werner Hansen, Otto Kahn-Freund, Beiträge zum Neuaufbau des deutschen Arbeitsrechts, London 1944.

354 *Dieter Nelles*, Widerstand und internationale Solidarität. Die Internationale Transport-Föderation (ITF) im Widerstand gegen den Nationalsozialismus (Veröffentlichungen des Instituts für soziale Bewegungen, Schriftenreihe A: Darstellungen, Bd. 18), Essen 2001, S. 391.

355 *Ramm*, Kahn-Freund und Deutschland, S. XXX.

356 *Schmidt*, S. 20.

357 *Schmidt*, S. 20.

358 *Schild*, S. 36.

359 *Ladwig-Winters*, Fraenkel, S. 65.

360 *Blanke*, Soziales Recht, S. 76, 80.

sowie die Hoffnung, die Demokratie durch juristische Vernunft zu erhalten,[361] waren erschüttert.

Der „Bund nationalsozialistischer Deutscher Juristen“ fasste am 14. März 1933 eine Entschließung, wonach „alle deutschen Gerichte [...] von Richtern und Beamten fremder Rasse unverzüglich zu säubern“ sind.[362] Kahn-Freund war unmittelbar davon betroffen. Der Präsident des Arbeitsgerichts Berlin Hans Depèns richtete am 23. März 1933 – an dem Tag, als Elisabeth Kahn-Freund das juristische Referendarexamen bestand[363] – ein Schreiben an Kahn-Freund mit den Worten:

> „[Ich] halte es im Interesse des Dienstes und der geordneten Abwicklung der Rechtspflege für angebracht, dass sie vorläufig ihre Richtertätigkeit beim Arbeitsgericht nicht ausüben. Bis zur Klärung der Verhältnisse beurlaube ich Sie daher zunächst widerruflich vom 24. März 1933 ab bis längstens 31. März 1933.“[364]

Nach einer weiteren Beurlaubung – so der offizielle Sprachgebrauch – Ende März 1933 unter Hinweis auf seine vermeintliche politische Unzuverlässigkeit[365] folgte Kahn-Freunds endgültige Entlassung am 24. Juli 1933[366] unter Berufung auf das „Gesetz zur Wiederherstellung des Berufsbeamtentums“ vom 7. April 1933,[367] das unmittelbare Auswirkungen auf die gesamte Justiz in Deutschland hatte. Die bei Kahn-Freund anhängigen Akten holten die Nationalsozialisten ab. Das „Gesetz zur Wiederherstellung des Berufsbeamtentums“ erging unter Berufung auf „völkische Prinzipien“ und hob die Unabhängigkeit

361 *Blanke*, Soziales Recht, S. 205.

362 *Reinhard Weber*, Das Schicksal der jüdischen Rechtsanwälte in Bayern nach 1933, München 2006, S. 56.

363 *O.V.*, Kahn-Freund, S. 168.

364 Hessisches Hauptstaatsarchiv, Wiesbaden Abt. 518, Nr. 18695, Schreiben, Der Präsident des Arbeitsgerichts Berlin an Dr. Otto Kahn-Freund, 23. März 1933.

365 Hessisches Hauptstaatsarchiv, Wiesbaden Abt. 518, Nr. 18695, Schreiben, Der Präsident des Arbeitsgerichts Berlin an Dr. Otto Kahn-Freund, 30. März 1933; *o.V.*, Kahn-Freund, S. 168.

366 Hessisches Hauptstaatsarchiv, Wiesbaden Abt. 518, Nr. 18695, Schreiben, Der Preußische Justizminister an Dr. Otto Kahn-Freund, 24. Juli 1934, Max Cahn an den Regierungspräsidenten in Wiesbaden – Entschädigungsbehörde, 7. Januar 1958; *o.V.*, Kahn-Freund, S. 168; RGBl. 1933 I, S. 175. Zur Geschichte des Beamtentums: *Ferdinand Krause*, Die hergebrachten Grundsätze des Berufsbeamtentums. Eine rechtshistorische Analyse (Rechtshistorische Reihe, Bd. 357), Frankfurt am Main/Berlin/Bern/Bruxelles/New York/Oxford/Wien 2008.

367 RGBl. 1933 I, S. 175.

der Richter gemäß Artikel 102, 104 „Weimarer Reichsverfassung“[368] und § 1 Gerichtsverfassungsgesetz[369] auf,[370] auch wenn diese formal im Nationalsozialismus fortbestand.[371] Der Titel dieses Gesetzes, das einen Eckpunkt des nationalsozialistischen Beamtenrechts darstellte,[372] war irreführend, da es nicht um eine „Wiederherstellung“ sondern um eine Beseitigung des Beamtentums in der bisherigen Form ging. Der Zweck des Gesetzes war das Gegenteil von dem, was die Bezeichnung „Wiederherstellung“ vorgab;[373] es lag ein „Säuberungsgesetz“ vor, um Menschen gegen ihren Willen aus dem Dienst zu entlassen.[374] Das Gesetz war ausschließlich ein Instrument zur Durchsetzung der nationalsozialistischen Politik; es kam dem Gesetz eine richtungsweisende Bedeutung bei der Umgestaltung des öffentlichen Dienstes im Sinne des Nationalsozialismus zu. Richter galten nach einer Durchführungsverordnung vom 6. Mai 1933 als Beamte im Sinne des „Gesetzes zur Wiederherstellung des Berufsbeamtentums“.[375] Damit fand dieses Gesetz beim Arbeitsgericht Berlin Anwendung. Nach § 3 Absatz 1 des „Gesetzes zur Wiederherstellung des Berufsbeamtentums“ waren „Beamte [...] nicht arischer Abstammung“ „in den Ruhestand [...] zu versetzen“.[376] Nicht entlassen werden sollten „Beamte [...] nicht arischer Abstammung“, „die bereits seit dem 1. August 1914 Beamte gewesen sind oder die im Weltkrieg an der Front für das Deutsche Reich oder seine Verbündeten gekämpft haben oder deren Väter oder Söhne im Weltkrieg

368 RGBl. 1919, S. 1403; *Hannes Ludyga*, Das Oberlandesgericht München zwischen 1933 und 1945, hrsg. im Auftrag des Präsidenten des Oberlandesgerichts München, Berlin 2012, S. 45.

369 RGBl. 1924 I, S. 299; *Ludyga*, Oberlandesgericht, S. 45.

370 *Frank Weiß*, Das Schicksal jüdischer Richter im Oberlandesgerichtsbezirk Bamberg während des „Dritten Reiches“. In: 200 Jahre Appellationsgericht/Oberlandesgericht Bamberg. Festschrift, hrsg. von Michael Meisenberg, München 2009, S. 116–132, hier S. 118; *Ludyga*, Oberlandesgericht, S. 45.

371 *Dieter Simon*, Waren die NS-Richter „unabhängige Richter“ im Sinne des § 1 GVG? In: Bernhard Diestelkamp / Michael Stolleis (Hrsg.), Justizalltag im Dritten Reich, Frankfurt am Main 1988, S. 11–25, hier S. 13; *Ludyga*, Oberlandesgericht, S. 45.

372 *Hans-Eckard Niermann*, Die Durchsetzung politischer und politisierter Strafjustiz im Dritten Reich (Juristische Zeitgeschichte, Bd. 3), hrsg. vom Justizministerium des Landes Nordrhein-Westfalen, Düsseldorf 1995, S. 41; *Ludyga*, Oberlandesgericht, S. 45.

373 *Wolfgang Benz*, Der Holocaust, München, 6. Auflage 2005, S. 23; *Ludyga*, Oberlandesgericht, S. 45.

374 *Bernd Rüthers*, Entartetes Recht. Rechtslehren und Kronjuristen im Dritten Reich, München, 3. Auflage 1994, S. 130; *Ludyga*, Oberlandesgericht, S. 45.

375 RGBl. 1933 I, S. 245; *Sievert Lorenzen*, Die Juden und die Justiz, Berlin 1942, S. 177; *Ludyga*, Oberlandesgericht, S. 46.

376 RGBl. 1933 I, S. 175.

gefallen sind".[377] Zurückzuführen war die Aufnahme dieser Ausnahmebestimmung, das sogenannte „Frontkämpferprivileg", auf einen Wunsch des Reichspräsidenten Paul von Hindenburg (1847–1934).[378] Diese formelle Ausnahmebestimmung durfte nicht darüber hinwegtäuschen, dass in der Praxis Ausnahmen auf Dauer nicht gemacht wurden und der gesamte von dem Gesetz erfasste Personenkreis entlassen wurde.[379] Aus dem Dienst entlassen wurden nach § 4 des „Gesetzes zur Wiederherstellung des Berufsbeamtentums" zudem Beamte, „die nach ihrer bisherigen politischen Betätigung nicht die Gewähr dafür bieten, dass sie jederzeit rückhaltlos für den nationalen Staat eintreten".[380] Kahn-Freund wurde gemäß § 4 „Gesetz über die Wiederherstellung des Berufsbeamtentums" aus dem Dienst entfernt. Als SPD-Mitglied und Jude war er für die Nationalsozialisten nicht tragbar.[381] Der Präsident des Arbeitsgerichts Berlin erklärte:

> „Dr. Kahn-Freund hat von 1922 bis 1933 der SPD und von 1926 bis 1928 dem Reichsbanner als Mitglied angehört. Er war ferner ausweislich der anbei überreichten Mitgliedskarte für 1933, die mir von der SA-Gruppe Berlin-Brandenburg, Kommando der Feldpolizei übermittelt worden ist, Mitglied der Vereinigung sozialdemokratischer Juristen."[382]

Für eine Entlassung Kahn-Freunds setzte sich aus antisemitischen Motiven heraus der Arbeitgeberverband ein.[383]

Kahn-Freund erklärte hinsichtlich seiner Ruhestandsversetzung:

> „Bei mir haben sie jedenfalls den Richtigen getroffen."[384]

Das „Gesetz zur Wiederherstellung des Berufsbeamtentums" bildete die Grundlage und das bedeutendste Instrument zur Entlassung politisch „unzuverlässiger" und jüdischer Richter aus dem Dienst in der Berliner Arbeitsgerichts-

377 RGBl. 1933 I, S. 175.

378 *Uwe Dietrich Adam*, Judenpolitik im Dritten Reich, Düsseldorf 2003, S. 48; *Ludyga*, Oberlandesgericht, S. 46.

379 *Raul Hilberg*, Die Vernichtung der europäischen Juden, Bd. 1, Frankfurt am Main 1990, S. 90; *Ludyga*, Oberlandesgericht, S. 46.

380 RGBl. 1933 I, S. 175.

381 *Bergemann / Ladwig-Winters*, S. 219.

382 *O.V.*, Die berufliche Ausgrenzung der Richter jüdischer Herkunft an den Berliner Arbeitsgerichten zu Beginn des NS-Regimes. In: Hans Bergemann / Berliner Freundes- und Förderkreis Arbeitsrecht (Hrsg.), Jüdische Richter in der Berliner Arbeitsgerichtsbarkeit, S. 21–48, hier S. 38.

383 *O.V.*, Die berufliche Ausgrenzung der Richter jüdischer Herkunft an den Berliner Arbeitsgerichten zu Beginn des NS-Regimes, S. 38–39.

384 Zitiert nach: *Kahn-Freund*, Am Vorabend der Emigration, S. 143; *Ladwig-Winters*, Fraenkel, S. 104.

barkeit. Die Entlassung jüdischer und politisch „unzuverlässiger" Richter erklärte es für „rechtens",[385] was Unrecht war. Äußerlich bedienten sich die Nationalsozialisten der Form des „Rechts" und gezielt der Gesetzgebung. Es bestand ein Unrechtsstaat, der sich nur hinsichtlich der äußeren Form des „Rechts" bemühte. Das „Gesetz zur Wiederherstellung des Berufsbeamtentums" pervertierte das Recht bis zur Unkenntlichkeit. Es bedeutete „den Anfang der scheinlegalen Verfolgungen auf gesetzgeberischem Wege" und bildete in der Folge das Vorbild für die Entlassung und Verdrängung von Juden auch aus sonstigen Berufen.[386] Die Nationalsozialisten maßen dem Gesetz eine grundsätzliche Bedeutung bei, da durch dieses ein vermeintlicher „Rassenunterschied" zwischen Juden und „Ariern" anerkannt wurde.[387]

Die Entlassung der Berliner Arbeitsrichter aus dem Dienst erfolgte durch Verwaltungsakt ohne jede Anfechtungsmöglichkeit. Ein Rechtsweg stand den von dem Gesetz Betroffenen nicht offen,[388] womit „politisch unzuverlässigen" und jüdischen Richtern ein rechtsstaatliches Verfahren verweigert wurde. Der von dem Gesetz aus „politischen Gründen" in Bayern entlassene Wilhelm Hoegner (1887–1980)[389], damals Landgerichtsrat am Landgericht München I und nach der Befreiung Deutschlands vom Nationalsozialismus sowie Rückkehr aus der Emigration bayerischer Ministerpräsident, bemerkte dazu in seinen Erinnerungen:

> „Um der Willkür die Krone aufzusetzen, war der in der Verfassung dem Beamten vorbehaltene Rechtsweg gegen eine staatliche Maßnahme durch das 'Gesetz zur Wiederherstellung des Berufsbeamtentums' ausdrücklich ausgeschlossen worden. Während also der verbrecherische Beamte, der Staatsgelder unterschlagen hatte,

---

385 *Dietmar Willoweit*, Deutsche Verfassungsgeschichte. Vom Frankenreich bis zur Wiedervereinigung Deutschlands, München, 6. Auflage 2009, S. 394; *Ludyga*, Oberlandesgericht, S. 48.

386 *Berding*, S. 231; *Benz*, S. 23; *Ludyga*, Oberlandesgericht, S. 48.

387 *Hans Wrobel*, Die Anfechtung der Rassenmischehe. Diskriminierung und Entrechtung der Juden in den Jahren 1933 bis 1935. In: Kritische Justiz 16 (1983), S. 349–374, hier S. 350–351; *Ludyga*, Oberlandesgericht, S. 48–49.

388 *Jörn Eckert*, Art. Beamtentum. In: Handwörterbuch zur deutschen Rechtsgeschichte, Bd. 1, hrsg. von Albrecht Cordes / Heiner Lück / Dieter Werkmüller, Berlin, 2. Auflage 2008, Sp. 487–492, hier Sp. 491; *Klaus Stern*, Das Staatsrecht der Bundesrepublik Deutschland, Bd. 5, Die geschichtlichen Grundlagen des deutschen Staatsrechts, München 2000, S. 795.

389 *Gerhard A. Ritter*, Wilhelm Hoegner (1887–1980). Festvortrag aus Anlaß des 100. Geburtstages des ehemaligen bayerischen Ministerpräsidenten Dr. Wilhelm Hoegner am 23. September 1987, München 1987.

> seine Sache in mehreren Instanzen verfechten konnte, waren der jüdische und der politisch missliebige Beamte völlig rechtlos gemacht."[390]

Protestaktionen von Kahn-Freunds Richterkollegen gegen seine Entlassung blieben aus.[391] Zwischen der Mehrheit der Richter in der Berliner Arbeitsgerichtsbarkeit und den Nationalsozialisten herrschte, was die Ruhestandsversetzung von Richterkollegen betraf, eine Kooperation. Die Mehrheit der im Dienst verbleibenden Richter verhielt sich passiv, akzeptierte die Entlassung der Kollegen oder zeigte Sympathie für die Maßnahmen. Es gab wenige Richter, die dem Nationalsozialismus nicht zugeneigt waren. Zu einer größeren Beunruhigung führte die Entlassung der jüdischen Richter nicht. Möglicherweise erhoffte sich der berufliche Nachwuchs in der Berliner Justiz fortan bessere Aufstiegschancen.[392] Neue Strukturen konnten Teilhabe an der Macht und wirtschaftlichen Aufstieg ermöglichen. Ideologische Prämissen waren mit wirtschaftlichen Eigeninteressen eng verknüpft. Kein Richter konnte das Gesetz mit seinen Auswirkungen übersehen,[393] da alle Richter in der Berliner Arbeitsgerichtsbarkeit Angaben über ihre Herkunft oder Parteizugehörigkeit in entsprechenden Fragebögen machen mussten.[394]

Kahn-Freund gehörte zu den um die 2500 jüdischen Beamten und Richtern, die 1933 in ganz Deutschland entlassen wurden.[395] Etwa ein Viertel der Richter in der Berliner Arbeitsgerichtsbarkeit musste in den Ruhestand treten.[396] Die Dienstenthebungen von jüdischen Richtern in Berlin schritten schnell

---

390 *Wilhelm Hoegner*, Flucht vor Hitler. Erinnerungen an die Kapitulation der ersten deutschen Republik 1933, München 1977, S. 157; *Ludyga*, Oberlandesgericht, S. 50.

391 *Kahn-Freund*, Am Vorabend der Emigration, S. 143.

392 *Avraham Barkai*, Etappen der Ausgrenzung und Verfolgung bis 1939. In: Ders. / Paul Mendes-Flohr, Deutsch-jüdische Geschichte in der Neuzeit, Bd. 4, Aufbruch und Zerstörung 1918–1945, München 2000, S. 193–224, hier S. 197; *Ralph Angermund*, Deutsche Richterschaft 1919–1945. Krisenerfahrung, Illusion, politische Rechtsprechung, Frankfurt am Main 1990, S. 52; *Gerhard Fieberg*, Justiz im nationalsozialistischen Deutschland, hrsg. vom Bundesministerium der Justiz, Köln 1984, S. 38; *Peter Longerich*, Die Deutschen und die Judenverfolgung. „Davon haben wir nichts gewusst", München 2006, S. 55–74; *Rudolf Wassermann*, Kontinuität oder Wandel. Konsequenzen aus der NS-Herrschaft für die Entwicklung der Justiz nach 1945 (Grundfragen der Demokratie, Folge 5), Hannover, 2. Auflage 1986, S. 7; *Ludyga*, Oberlandesgericht, S. 52.

393 *Adam*, S. 49; *Ludyga*, Oberlandesgericht, S. 52.

394 Alle Richter in der deutschen Justiz mussten einen Fragebogen ausfüllen mit Angaben zu ihrem Dienstverhältnis und ihrer „Abstammung" bis zu den Großeltern väterlicher- und mütterlicherseits. Eine mögliche Frontkämpfereigenschaft war nachzuweisen. *Ludyga*, Oberlandesgericht, S. 52.

395 Dazu: *Zimmermann*, Die deutschen Juden 1914–1945, S. 52.

396 *O.V.*, Die berufliche Ausgrenzung der Richter jüdischer Herkunft an den Berliner Arbeitsgerichten zu Beginn des NS-Regimes, S. 45.

voran und bedeuteten für die Betroffenen eine Zerstörung der beruflichen Existenz. Sofern die Menschen keine Ersparnisse besaßen, half nur die jüdische Fürsorge.[397] In den Ruhestand treten mussten aufgrund ihrer jüdischen Herkunft neben Kahn-Freund am Arbeitsgericht Berlin die stellvertretenden Vorsitzenden Richter am Arbeitsgericht Kurt Kronheim (1905–1942),[398] Wolfgang Friedmann (1907–1972),[399] die Vorsitzenden Richter am Arbeitsgericht Ernst Aschner (1893–1956),[400] Berthold Auerbach (1888–1942),[401] Ernst Heinitz (1902–1998),[402] Fritz Herrmann (1886–1963),[403] Martin Landsberger (1871–1961),[404] Lehmann,[405] Martin Matzdorf (1877–1942),[406] Kurt Tuchler (1894–1978),[407] sowie die Vorsitzenden Richter am Landesarbeitsgericht Friedrich Oppler (1888–1966)[408], Ernst Ruben (1880–1944)[409] und Arthur

397 *Berding*, S. 234. Zur Fürsorge m.w.N.: *Sabine Hering* (Hrsg.), Jüdische Wohlfahrtspflege im Spiegel von Biographien (Schriften des Arbeitskreises Geschichte der jüdischen Wohlfahrt in Deutschland, Bd. 2), Frankfurt, 2. Auflage 2007; *Ludyga*, Oberlandesgericht, S. 51.

398 *Hans Bergemann*, Dr. jur. Kurt Kronheim. In: Ders. / Berliner Förder- und Freundeskreis Arbeitsrecht (Hrsg.), Jüdische Richter in der Berliner Arbeitsgerichtsbarkeit, S. 82–84.

399 *Bergemann*, Prof. Dr. jur. Wolfgang Gaston Friedmann. In: Ders. / Berliner Förder- und Freundeskreis Arbeitsrecht (Hrsg.), Jüdische Richter in der Berliner Arbeitsgerichtsbarkeit, S. 71–73.

400 *Bergemann*, Dr. jur. Ernst Aschner. In: Ders. / Berliner Förder- und Freundeskreis Arbeitsrecht (Hrsg.), Jüdische Richter in der Berliner Arbeitsgerichtsbarkeit, S. 65–68.

401 *Bergemann*, Berthold Auerbach. In: Ders. / Berliner Förder- und Freundeskreis Arbeitsrecht (Hrsg.), Jüdische Richter in der Berliner Arbeitsgerichtsbarkeit, S. 68–71.

402 *Bergemann*, Prof. Dr. jur. Ernst Heinitz. In: Ders. / Berliner Förder- und Freundeskreis Arbeitsrecht (Hrsg.), Jüdische Richter in der Berliner Arbeitsgerichtsbarkeit, S. 74–77.

403 *Bergemann*, Fritz Herrmann. In: Ders. / Berliner Förder- und Freundeskreis Arbeitsrecht (Hrsg.), Jüdische Richter in der Berliner Arbeitsgerichtsbarkeit, S. 77–79.

404 *Bergemann*, Dr. jur. Martin Landsberger. In: Ders. / Berliner Förder- und Freundeskreis Arbeitsrecht (Hrsg.), Jüdische Richter in der Berliner Arbeitsgerichtsbarkeit, S. 84–86.

405 *Bergemann*, Lehmann, S. 86–89.

406 *Bergemann*, Dr. jur. Martin Matzdorf. In: Ders. / Berliner Förder- und Freundeskreis Arbeitsrecht (Hrsg.), Jüdische Richter in der Berliner Arbeitsgerichtsbarkeit, S. 89–91.

407 *Bergemann*, Kurt Tuchler. In: Ders. / Berliner Förder- und Freundeskreis Arbeitsrecht (Hrsg.), Jüdische Richter in der Berliner Arbeitsgerichtsbarkeit, S. 101–105; *Leich / Lundt*, S. 58–59.

408 *Bergemann*, Dr. jur. Friedrich Oppler. In: Ders. / Berliner Förder- und Freundeskreis Arbeitsrecht (Hrsg.), Jüdische Richter in der Berliner Arbeitsgerichtsbarkeit, S. 91–94.

409 *Bergemann*, Ernst Ruben. In: Ders. / Berliner Förder- und Freundeskreis Arbeitsrecht (Hrsg.), Jüdische Richter in der Berliner Arbeitsgerichtsbarkeit, S. 94–97.

Sello (1872–1944).[410] Berthold Auerbach wurde im Juni 1942 im Vernichtungslager Maly Trostinez nahe Minsk,[411] Kronheim im September 1942[412] und Matzdorf im Dezember 1942 in Auschwitz[413] ermordet. Ruben starb 1944, nachdem ihm die Nationalsozialisten nach einem Knöchelbruch die medizinische Verhandlung verweigerten und er nach einer Deportation in das KZ-Außenlager Eberswalde keine ausreichende Nahrung mehr erhielt.[414] Sello starb im März 1944 im Luftkrieg um Berlin.[415]

Aufgrund eines Wiedergutmachungsbescheides vom 20. März 1957 erhielt Kahn-Freund mit Wirkung vom 1. April 1951 Ruhegehalt nach dem Gesetz zur „Regelung der Wiedergutmachung nationalsozialistischen Unrechts für die im Ausland lebenden Angehörigen des öffentlichen Dienstes" vom 18. März 1952. Kahn-Freund war fortan berechtigt, den Titel „Landgerichtsdirektor a.D." zu führen.[416] Am 13. August 1957 wurde sein Ruhegehalt erhöht; er durfte den Titel „Senatspräsident a.D." bekleiden.[417]

---

410 *Bergemann*, Arthur Sello. In: Ders. / Berliner Förder- und Freundeskreis Arbeitsrecht (Hrsg.), Jüdische Richter in der Berliner Arbeitsgerichtsbarkeit, S. 98–100.

411 *Bergemann*, Auerbach, S. 70.

412 *Bergemann*, Kronheim, S. 84.

413 *Bergemann*, Matzdorf, S. 91.

414 *Bergemann*, Ruben, S. 97.

415 *Bergemann*, Sello, S. 100.

416 Hessisches Hauptstaatsarchiv, Wiesbaden Abt. 518, Nr. 18695, Wiedergutmachungsbescheid, Senator für Inneres II J Berlin Wilmersdorf an Prof. Dr. Otto Kahn-Freund, 20. März 1957.

417 Hessisches Hauptstaatsarchiv, Wiesbaden Abt. 518, Nr. 18695, Änderungs- und Ergänzungsbescheid, Senator für Inneres II J Berlin Wilmersdorf an Prof. Dr. Otto Kahn-Freund, 13. August 1957.

C) Die Jahre von 1933 bis 1945

I. Flucht nach London

Kahn-Freund flüchtete im Juni 1933 nach England.[1] Im Gegensatz zu Neumann,[2] der im Mai 1933 mit dem überlieferten Ausspruch

> „Mein Bedarf an Weltgeschichte ist gedeckt."[3]

nach London floh[4] und zahlreichen anderen Emigranten[5] beherrschte er die englische Sprache gut. Die Flucht nach Großbritannien war für ihn wegen seines früheren Aufenthalts dort, der ihm einen Zugang zur englischen Umwelt erleichterte,[6] naheliegend.[7] Er war einer von wenigen geflohenen Sozialdemokraten, die frühzeitig einen Aufenthalt in Großbritannien fanden.[8] Als Emigrationsland besaß England 1933 für Deutsche wegen seiner restriktiven Aufnahmebestimmungen, die erst ab 1938 gelockert wurden, zunächst keine allzu große Bedeutung. Bis 1937 bekamen nur 8000 deutsche Emigranten eine Aufenthaltsgenehmigung in Großbritannien.[9] Frankreich – Zentrum des politischen Exils –, Polen, die Tschechoslowakei und die Niederlande nahmen bis zu diesem Zeitpunkt deutlich mehr Flüchtlinge auf.[10] Es war die antisemiti-

---

1 *Ramm*, Kahn-Freund und Deutschland, S. XXVII.

2 *Ladwig-Winters*, Fraenkel, S. 259.

3 Zitiert nach: *Schäfer*, S. 212; *Wildt*, Angst, S. 320.

4 *Keith Tribe*, Franz Neumann in der Emigration. In: Axel Honneth / Albrecht Wellmer (Hrsg.), Die Frankfurter Schule und die Folgen. Referate eines Symposiums der Alexander von Humboldt-Stiftung vom 10.–15. Dezember 1984 in Ludwigsburg, Berlin/New York 1986, S. 259–274, hier S. 260; *Rückert*, Prinzipien, S. 446; *Rückert*, Neumann, S. 146; *Ladwig-Winters*, Fraenkel, S. 104.

5 *Luthardt*, Arbeit, Recht und Gerechtigkeit, S. 187.

6 *Luthardt*, Arbeit, Recht und Gerechtigkeit, S. 187.

7 *Ladwig-Winters*, Fraenkel, S. 131.

8 *Werner Röder*, Die deutschen sozialistischen Exilgruppen in Großbritannien. Ein Beitrag zur Geschichte des Widerstandes gegen den Nationalsozialimus (Schriftenreihe des Forschungsinstituts der Friedrich-Ebert-Stiftung, B. Historisch-politische Studien), Hannover 1969, S. 31.

9 *Ludwig Eiber*, Die Sozialdemokratie in der Emigration. Die „Union deutscher sozialistischer Organisationen in Großbritannien" 1941–1946 und ihre Mitglieder. Protokolle, Erklärungen, Materialien (Archiv für Sozialgeschichte, Bd. 19), Bonn 1998, S. XX; *Röder*, Exilgruppen, S. 23, 27; *Kurt R. Grossmann*, Emigration. Geschichte der Hitler-Flüchtlinge 1933–1945, Frankfurt am Main 1969, S. 15–16.

10 *Gerhard Hirschfeld*, Einleitung. In: Ders. (Hrsg.), Exil in Großbritannien. Zur Emigration aus dem nationalsozialistischen Deutschland (Veröffentlichungen des Deutschen Historischen Instituts, Bd. 14), Stuttgart 1983, S. 7–13, hier S. 7.

sche Politik der Nationalsozialisten, die dazu führte, dass die Briten ihre Aufnahmebestimmungen lockerten.[11] Nach den Pogromen vom 8./9. November 1938 ermöglichte Großbritannien jüdischen Kindern eine Flucht aus Deutschland. Zahlreiche Menschen wurden in diesem Zusammenhang durch die sogenannten Kindertransporte aus Deutschland gerettet.[12] Wie ein Großteil der politischen Emigranten in England lebte Kahn-Freund in London.[13]

Adolf Hitler bemerkte zur wachsenden Flüchtlingstragödie voller Verachtung:

> „Die Welt möge sich mit ihren eigenen Problemen beschäftigen! [...] Die Emigranten vergiften die Quellen unter den Nationen. Für Deutschland ist ihr Verschwinden eine große Entlastung.“[14]

Vollzogen wurde Kahn-Freunds Vertreibung aus Berlin vor den Augen der Öffentlichkeit unter Einsatz der „SA“, die sein Haus nach seiner Flucht überfiel.[15] Elisabeth Kahn-Freund erklärte nach diesem Überfall:

> „Die Rückkehr in unsere Heimat war uns nunmehr unmöglich, und ein neues Leben in England hatte für uns begonnen.“[16]

Otto Kahn-Freund schrieb:

> „[Wir] haben [...] uns im Juni 1933 von Berlin-Tempelhof abgemeldet. Dies geschah, nachdem wir den unerwünschten Besuch eines S. A. Sturmtrupps in unserem Haus [...] hatten, glücklicherweise während wir beide uns im Ausland befanden.“[17]

Die Flucht aus Deutschland – „es war“ keine „Ausreise“,[18] bildete für Kahn-Freund einen Bruch mit seiner Heimat.[19] Er betrachtete sich als Einwanderer und nicht als Auswanderer.[20] Mit einem Gefühl der Entwurzelung erklärte er:

---

11 *John P. Fox*, Das nationalsozialistische Deutschland und die Emigration nach Großbritannien. In: Hirschfeld (Hrsg.), Exil in Großbritannien, S. 14–43, hier S. 32.

12 *Benz*, S. 32.

13 Dazu: *Eiber*, S. XIX.

14 *Grossmann*, S. 67.

15 *Kahn-Freund*, Am Vorabend der Emigration, S. 143; *Bergemann / Ladwig-Winters*, S. 219; *o.V.*, Kahn-Freund, S. 168.

16 *Kahn-Freund*, Am Vorabend der Emigration, S. 143.

17 Hessisches Hauptstaatsarchiv, Wiesbaden Abt. 518, Nr. 18695, Schreiben Max Cahn an den Herrn Regierungspräsidenten, Entschädigungsbehörde, 9. Mai 1959.

18 Geschichten einer Ausstellung. Zwei Jahrtausende deutsch-jüdische Geschichte, hrsg. von der Stiftung Jüdisches Museum Berlin, Berlin, 2. Auflage 2002, S. 154.

19 Staatsbibliothek zu Berlin – Preußischer Kulturbesitz, Nachl.488_Mohr-Siebeck_A 0472,2. Dem gegenüber steht eine Aussage von Kahn-Freund vom August 1933, wonach er sich „vorübergehend zu Studienzwecken“ in „England aufhalte“.

20 *Ladwig-Winters*, Fraenkel, S. 107.

„Meine Frau und ich haben gleichzeitig damit begonnen, uns dem englischen Milieu anzupassen. Ich war von Beginn an der Ansicht, wenn ich Deutschland verlasse, verlasse ich Deutschland nicht als Emigrant, sondern als Immigrant.“[21]

Der letzte polizeilich gemeldete Wohnsitz von Kahn-Freund war in Frankfurt am Main am Blittersdorfplatz 43.[22] In seine Heimatstadt kehrte er kurz vor seiner Emigration noch einmal zurück, bevor er von dort aus emigrierte. An das Finanzamt Frankfurt am Main musste Kahn-Freund am 14. Mai 1935 die „Reichsfluchtsteuer“ entrichten.[23] Die „Reichsfluchtsteuer“ war mit Verordnung vom 8. Dezember 1931, die die Entrichtung der „Reichsfluchtsteuer“ für deutsche Staatsangehörige, die „ihren inländischen Wohnsitz oder ihren gewöhnlichen Aufenthalt im Inland aufgegeben haben oder aufgeben“ bestimmte,[24] in der Weimarer Republik eingeführt worden.[25] Diese Steuer, die eine Reaktion auf den Bankenzusammenbruch von 1931 darstellte,[26] sollte ursprünglich eine Vermögensabgabe als Ausgleich dafür zu schaffen, dass Deutschland die wirtschaftliche und steuerliche Leistungsfähigkeit eines Auswandernden verlorenging. Mit der Ernennung Hitlers zum Reichskanzler wies die Reichsfluchtsteuer primär eine antisemitische Komponente auf.[27] Neben Bezahlung der „Reichsfluchtsteuer“ erlitt Kahn-Freund einen finanziellen Schaden bei dem Transfer seines Vermögens von Deutschland nach Groß-

21 *Kahn-Freund*, Autobiographische Erinnerungen, S. 191.

22 Hessisches Hauptstaatsarchiv, Wiesbaden Abt. 518, Nr. 18695, Antrag auf Grund des Gesetzes zur Wiedergutmachung nationalsozialistischen Unrechts (Entschädigungsgesetz), Kahn-Freund an das Hessisches Staatsministerium des Innern, Abt. VI – Wiedergutmachung, 29. November 1951, Schreiben Max Cahn an den Regierungspräsidenten in Wiesbaden – Entschädigungsbehörde, 7. Januar 1958.

23 Hessisches Hauptstaatsarchiv, Wiesbaden Abt. 518, Nr. 18695, Schreiben Max Cahn an den Regierungspräsidenten in Wiesbaden – Entschädigungsbehörde, 7. Januar 1958, Schreiben Deutsche Effecten- und Wechsel-Bank an Max Cahn, 18.10.1954, Genehmigungsbescheid, Präsident des Landesfinanzamts Kassel, Devisenbewirtschaftung an Rechtsanwalt, Max Hermann Maier, 11. Mai 1935.

24 RGBl. 1931 I, S. 731.

25 RGBl 1931 I, S. 731; *Dorothee Mußgnug*, Die Reichsfluchtsteuer 1931–1953 (Schriften zur Rechtsgeschichte, Heft 60), Berlin 1993, S. 11–29.

26 *Kurt Schilde*, Bürokratie des Todes. Lebensgeschichten jüdischer Opfer des NS-Regimes im Spiegel von Finanzakten (Reihe Dokumente, Texte, Materialien. Zentrum für Antisemitismusforschung, Bd. 45), Berlin 2002, S. 41; *Reimer Voß*, Steuern im Dritten Reich. Vom Recht zum Unrecht unter der Herrschaft des Nationalsozialismus, München 1995, S. 147; Friedrich-Wilhelm Henning, Handbuch der Wirtschafts- und Sozialgeschichte Deutschlands, Bd. 3, Teil I: Deutsche Wirtschafts- und Sozialgeschichte im Ersten Weltkrieg und in der Weimarer Republik, Paderborn/München/Wien/Zürich 2003, S. 468–485.

27 *Hannes Ludyga*, Von der Reichsfluchtsteuer aus dem Jahre 1931 bis zum Verbot der Emigration für Juden 1961. In: Journal der Juristischen Zeitgeschichte 2 (2008), S. 41–46.

britannien.[28] Im Jahre 1940 wurde ihm sein in Deutschland verbliebenes Vermögen vollständig entzogen.[29] Der Entzug des Vermögens und die „Reichsfluchtsteuer" führten für alle in Deutschland Verfolgten zu größten Schwierigkeiten bei ihren Bemühungen zu fliehen.[30] Kahn-Freund wurde die Reichsfluchtsteuer 1956 zurückgewährt.[31]

II. Erneutes Studium

In England studierte Kahn-Freund bewogen durch Neumann, der seit 1933 ebenfalls in London studierte,[32] und dem 1933 nach England geflohenen Friedmann[33] an der London School of Economics and Political Science (LSE), die er bereits aus früheren Aufenthalten in London kannte,[34] englisches Recht[35] als „post-graduate student".[36] Er strengte sich ohne jedes berufliche Sicherheitsnetz an[37] und war einer von wenigen emigrierten Juristen, die sich mit der Rechtsordnung im Land der Emigration befassten.[38] Bereits 1930 hatte er in der von Rudolf Hilferding (1877–1941)[39] herausgegebenen Zeitschrift „Die Gesellschaft" einen Aufsatz über den „Kampf zwischen Justiz und Verwaltung in England" veröffentlicht.[40]

---

28 Hessisches Hauptstaatsarchiv, Wiesbaden Abt. 518, Nr. 18695, Schreiben Max Cahn an den Regierungspräsidenten in Wiesbaden – Entschädigungsbehörde, 7. Januar 1958.

29 Hessisches Hauptstaatsarchiv, Wiesbaden Abt. 518, Nr. 18695, Schreiben Max Cahn an das Hessische Staatsministerium, Der Minister des Innern, Abt. VI. Wiedergutmachung, 29.11.1951, Beglaubigte Abschrift, Deutsche Effecten und Wechselbank Frankfurt am Main an das Amt für Vermögenskontrolle und Wiedergutmachung, Abt. Wiedergutmachung, 7.12.1950.

30 RGBl. 1931, I, S. 731.

31 Hessisches Hauptstaatsarchiv, Wiesbaden Abt. 518, Nr. 18695, Der Regierungspräsident in Wiesbaden – Entschädigungsbehörde, 1. Juni 1956.

32 *Fisahn*, S. 5; *Rückert*, Prinzipien, S. 446; *Rückert*, Neumann, S. 146.

33 *O.V.*, Wolfgang Gaston Friedmann. In: Gesamtgerichtsrat der Berliner Gerichte für Arbeitssachen (Hrsg.), 60 Jahre Berliner Arbeitsgerichtsbarkeit, S. 156–159, hier S. 158.

34 *Kahn-Freund*, Autobiographische Erinnerungen, S. 191.

35 *Bergemann / Ladwig-Winters*, S. 219.

36 *Jabs*, S. 85.

37 *Luthardt*, Arbeit, Recht und Gerechtigkeit, S. 187.

38 *Rottleuthner*, S. 209.

39 *Wilfried Gottschalch*, Hilferding, Rudolf. In: Neue Deutsche Biographie, Bd. 9, Berlin 1972, S. 137–138.

40 *Otto Kahn-Freund*, Kampf zwischen Justiz und Verwaltung in England. In: Die Gesellschaft 1930, S. 540–545.

Für deutsche Juristen war es ohne Ausbildung im englischen Recht schwierig eine Anstellung zu finden; Kenntnisse des deutschen Rechts waren in der Emigration ohne großen Nutzen.[41] Die hohe Anzahl nach London emigrierter Intellektueller und mangelnde Fortschritte bei der Weiterentwicklung der Universitäten in England erschwerten die Möglichkeiten einer akademischen Laufbahn.[42] Viele emigrierte Juristen mussten ihren Lebensunterhalt mit nicht juristischen Tätigkeiten sichern.[43]

Das nochmalige Jurastudium in England verdeutlichte, welch hohen Stellenwert die Rechtswissenschaften für Kahn-Freund besaßen.[44] Er erklärte:

> „Ich wollte englischer Jurist werden."[45]

Aus der Zeit seines Studiums in England stammte die Freundschaft mit dem Professor für Politikwissenschaft an der LSE Harold Laski (1893–1950),[46] dem damals einflussreichen Theoretiker der Labour Party,[47] über den er sagte:

> „Für Laski selbst hatte ich stets eine große menschliche Sympathie, vor allem wegen seines Mutes und seiner Generosität."[48]

Laski und die „Fabian Society" förderten Kahn-Freund während des Studiums.[49] 1935 legte Kahn-Freund seine Masterprüfung ab und war fortan „assistant lecturer" für Handelsrecht. 1936 erhielt er seine Zulassung bei Gericht als Rechtsanwalt.[50] Sein erstes bedeutendes Werk in englischer Sprache, das 1965 in vierter Auflage unter dem Titel „The Law of Carriage by Inland

41 *Francis L. Carsten*, Deutsche Emigranten in Großbritannien 1933–1945. In: Hirschfeld (Hrsg.), Exil in Großbritannien, S. 138–154, hier S. 143; *Martin Jay*, Dialektische Phantasie. Die Geschichte der Frankfurter Schule und des Instituts für Sozialforschung 1923–1950, Frankfurt am Main 1976, S. 177.

42 *Fisahn*, S. 5.

43 *Däubler*, Kahn-Freund, S. 385; *Kühne*, S. 2967.

44 *Ramm*, Kahn-Freund und Deutschland, S. XXVII.

45 *Kahn-Freund*, Autobiographische Erinnerungen, S. 191.

46 *Kahn-Freund*, Autobiographische Erinnerungen, S. 184.

47 *Schäfer*, S. 212.

48 *Kahn-Freund*, Autobiographische Erinnerungen, S. 192.

49 *O.V.*, Bonner Ehrendoktorwürde für Professor Dr. Otto Kahn-Freund. In: Recht der Arbeit 1968, S. 376.

50 Archiv der sozialen Demokratie der Friedrich-Ebert-Stiftung, Nachlass Walter Auerbach Mappe 48, Kahn-Freund an Walter Auerbach, 5. Oktober 1943, Lebenslauf Kahn-Freund; Hessisches Hauptstaatsarchiv, Wiesbaden Abt. 518, Nr. 18695, Mitteilung von Otto Kahn Freund, abgedruckt in einem Schreiben von Max Cahn an den Herrn Regierungspräsidenten – Entschädigungsbehörde, 16. Juni 1959, *Jabs*, S. 85; *Bergemann / Ladwig-Winters*, S. 219; *Kubo*, S. 133; *Däubler*, Kahn-Freund, S. 385.

Transport“[51] erschien, veröffentlichte er 1939. Zentraler Inhalt des Werks war der britische „Common Career“.[52]

Fraenkel folgte Kahn-Freund – als einer der letzten prominenten Sinzheimer-Schüler – 1938 in die Emigration nach London.[53] Er wohnte bei Kahn Freund,[54] bis er im November 1938 die USA emigrierte[55] Nach dem Tod Kahn-Freunds Vater 1942 schrieb Fraenkel an ihn:

> „Dein Vater war ein Vertreter der glücklichen Generation – vielleicht sogar der herausragendste, den ich überhaupt kennengelernt habe [...] Diese glückliche Generation wusste nichts von der Bedrohung, der wir gegenwärtig ausgesetzt sind.“[56]

Kahn-Freund stand von Großbritannien aus in brieflichem Kontakt mit Fritz Bauer (1903–1968),[57] der 1936 nach Dänemark geflohen war. Er versuchte ihm zu helfen und eine Ausreise nach England oder in die USA zu ermöglichen. Bauer blieb jedoch zunächst in Dänemark.[58]

III. Die Ausbürgerung aus Deutschland, Entzug der Doktorwürde und Annahme der britischen Staatsangehörigkeit

Kahn-Freund wurde im April 1939 aufgrund des „Gesetzes über den Widerruf von Einbürgerungen und die Aberkennung deutschen Staatsangehörigkeit“ von Juli 1933[59] aus Deutschland ausgebürgert.[60] Dies bedeutete für ihn den endgültigen Ausschluss aus der deutschen Gesellschaft. Knapp ein ganzes Jahr verharrte Kahn-Freund in der rechtlich unsicheren Lage eines Staatenlosen. Am 22. Juni 1940 erhielt Kahn-Freund die britische Staatsangehörigkeit.[61] Der

---

51 *Otto Kahn-Freund*, The law of Carriage by inland transport, London, 4. Auflage 1965.

52 *Jabs*, S. 85.

53 *Rottleuthner*, S. 204; *Ladwig-Winters*, Fraenkel, S. 130–131.

54 *Ladwig-Winters*, Fraenkel, S. 131; *Rottleuthner*, S. 208.

55 *Ladwig-Winters*, Fraenkel, S. 133.

56 Zitiert nach: *Ladwig-Winters*, Fraenkel, S. 168.

57 *Irmtrud Wojak*, Fritz Bauer 1903–1968. Eine Biographie, München, 2. Auflage 2009.

58 *Wojak*, Bauer, S. 130.

59 RGBl. 1933 I, S. 480.

60 *Michael Hep* (Hrsg.), Die Ausbürgerung deutscher Staatsangehöriger 1933–45 nach den im Reichsanzeiger veröffentlichten Listen, Bd. 1, Listen in chronologischer Reihenfolge, München/New York/London/Paris 1985, S. 144; *George Catlin*, Harold Laski. Das „Gewissen“ der Labour-Party. In: Frankfurter Hefte 5 (1950), S. 700–701.

61 Archiv der sozialen Demokratie der Friedrich-Ebert-Stiftung, Nachlass Walter Auerbach Mappe 48, Kahn-Freund an Walter Auerbach, 5. Oktober 1943; Hessisches Hauptstaatsarchiv, Wiesbaden Abt. 518, Nr. 18695, Auszug aus dem Strafregister Professor

Entzug der Doktorwürde – die „akademische Ausbürgerung im Exil“[62] – durch die Goethe-Universität Frankfurt erfolgte im Juni 1939.[63]

IV. Wirken in Großbritannien während des 2. Weltkriegs

1. „Gillies-Ausschuß“

Der Ausbruch des 2. Weltkriegs bedeutete für Kahn-Freund wie für alle Emigranten eine existentielle Herausforderung und einen tiefen Einschnitt. Er führte zu einer stärker organisierten und gezielten Emigrantenarbeit.[64] Der Handlungsspielraum der Emigranten auf einen politischen Umsturz in Deutschland hinzuarbeiten war größer als derjenigen, die in Deutschland in der „Illegalität“ Widerstand leisteten.[65]

Kahn-Freund leitete gemeinsam mit der nach Großbritannien geflohenen deutschen Soziologin und Mitarbeiterin von Karl Mannheim (1893–1947)[66] an der LSE Charlotte Lütkens (1896–1967)[67] den „Gillies-Ausschuß“, der von William Gillies (1898–1973), Leiter des International Department der Labour Party gemeinsam mit dem 1939 von Amsterdam nach London geflohenen späteren Staatssekretär im Bundesministerium für Arbeit in der Bundesrepublik Deutschland Walter Auerbach (1905–1975),[68] ins Leben gerufen wurde. Mit Lütkens arbeitete Kahn-Freund bereits zuvor in einem „Exilkreis“ deutscher und österreichischer Intellektueller zusammen,[69] dem der österreichische

---

Dr. Otto Kahn-Freund, 14. Dezember 1956, Nr. 18695; *Bergemann / Ladwig-Winters*, S. 219; *Luthardt*, Arbeit, Recht und Gerechtigkeit, S. 187; *o.V.*, Kahn-Freund, S. 169.

62 Zu diesem Terminus: *Hans Georg Lehmann*, Nationalsozialistische und akademische Ausbürgerung im Exil. Warum Rudolf Breitscheid der Doktortitel aberkannt wurde (Marburger Universitätsreden, Bd. 10), Marburg 1985.

63 *Bergemann / Ladwig-Winters*, S. 219.

64 *Willi Eichler*, Bundesarbeit. Bericht auf dem Ersatz-Bundestag des ISK am 11. Juli 1942. In: Sabine Lemke-Müller, Ethik des Widerstands. Der Kampf des Internationalen Sozialistischen Kampfbundes (ISK) gegen den Nationalsozialismus. Quellen und Texte zum Widerstand aus der Arbeiterbewegung 1933–1945, Bonn 1996, S. 46–67, hier S. 66.

65 *Herbert E. Tutas*, Nationalsozialismus und Exil. Die Politik des Dritten Reichs gegenüber der deutschen politischen Emigration, München/Wien 1975, S. 11.

66 *Dirk Kaesler*, Mannheim, Karl. In: Neue Deutsche Biographie, Bd. 16, Berlin 1990, S. 67–69.

67 *Harry Zohn*, Kramer, Theodor, In: Neue Deutsche Biographie, Bd. 12, Berlin 1979, S. 669–670.

68 *Ellen Babendreyer*, Walter Auerbach. Sozialpolitik aus dem Exil, Duisburg/Essen 2007.

69 Archiv der sozialen Demokratie der Friedrich-Ebert-Stiftung, Nachlass Walter Auerbach, Brief Kahn-Freund an Walter Auerbach vom 3.4.1940.

Dichter Theodor Kramer (1897–1958)[70] und der frühere ADGB-Wirtschaftsexperten Kurt Mandelbaum (1904–1995)[71] angehörten.

Als „Advisor Committee“ beriet der „Gillies-Ausschuß“ die Labour Party. Mitglieder des Gremiums waren neben Kahn-Freund und Lütkens, Auerbach, der Sozialdemokrat und Widerstandskämpfer gegen den Nationalsozialismus innerhalb der „Unabhängigen Sozialisten Gewerkschaft“ zwischen 1933 und 1937, der 1937 nach London emigrierte, Eberhard,[72] Karl Frank und die Sozialdemokratin und Journalistin Hilde Meisel mit dem Decknamen Hilda Monte (1914–1945), die als Widerstandskämpferin von London aus einen Attentat gegen Hitler plante[73] und Wilhelm Sander (1895–1978)[74].[75] Das Gremium arbeitete Stellungnahmen zur Propaganda aus und legte ein Zeitschriftenarchiv an. Es forderte eine stärkere Einbeziehung politischer Flüchtlinge in die englische Propagandapolitik, die Vorarbeiten für eine „linke Regierung“ in Deutschland leisten sollten.[76] Jenseits juristischer Einzelfragen standen für Kahn-Freund bei seinen Plänen die „Rolle der Gewerkschaften in einem kommenden Deutschland“ sowie die „politischen und wirtschaftspolitischen Voraussetzungen ihrer Existenz“ im Vordergrund. [77]

2. Internierungen

Der Angriff Deutschlands auf Frankreich und die Benelux-Staaten führte in Großbritannien zu einer Angst vor einer deutschen Invasion. Zwischen Mai

---

70 Archiv der sozialen Demokratie der Friedrich-Ebert-Stiftung, Nachlass Walter Auerbach, Brief Kahn-Freund an Walter Auerbach vom 8.4.1940. Zu Kramer: *Erwin Chvojka / Konstantin Kaiser*, Vielleicht hab ich es leicht, weil schwer, gehabt. Theodor Kramer (1897–1958), Wien 1997.

71 Archiv der sozialen Demokratie der Friedrich-Ebert-Stiftung, Nachlass Walter Auerbach, Brief Kahn-Freund an Walter Auerbach vom 12.12.1939.

72 *Stuiber*, Die Initiatoren und Initiatorinnen von „German Educational Reconstrucition“, S. 49–50.

73 *Ilse Fischer*, Monte, Hilde. In: Neue deutsche Biographie, Bd. 18, Berlin 1997, S. 43–44; *Stuiber*, Die Initiatoren und Initiatorinnen von „German Educational Reconstrucition“, S. 52–53.

74 Archiv der sozialen Demokratie der Friedrich-Ebert-Stiftung, Nachlass Walter Auerbach, Brief Kahn-Freund an Walter Auerbach vom 25.9.1940.

75 Archiv der sozialen Demokratie der Friedrich-Ebert-Stiftung, Nachlass Walter Auerbach, Brief Kahn-Freund an Walter Auerbach vom 25.9.1940; Nelles, S. 336.

76 *Röder*, Exilgruppen, S. 181.

77 Archiv der sozialen Demokratie der Friedrich-Ebert-Stiftung, Nachlass Walter Auerbach, Brief Kahn-Freund an Walter Auerbach vom 8.4.1940.

und Juli 1940 wurden um die 25.000 Personen interniert,[78] von denen die Briten glaubten, sie seien eine „5. Kolonne“ der Nationalsozialisten.[79] Kahn-Freund wurde von einer Internierung verschont,[80] da er seit 1940 die britische Staatsangehörigkeit besaß. Proteste in der britischen Öffentlichkeit führten dazu, die Politik der Internierung zu stoppen. Kahn-Freund gehörte neben Willi Eichler (1886–1971) – nach dem 2. Weltkrieg Mitglied im Parteivorstand der SPD[81] –, Sander, dem SPD-Mitglied Willi Derkow, dem Gewerkschaftler und SPD-Mitglied Hans Gottfurcht (1896–1982)[82] und Gerhard Gleissberg (1905–1973) einem Gremium an, das ein britisches Tribunal darüber beriet, wer aus der Internierung wieder zu entlassen war.[83] Eine Entlassung konnte nach einem Antrag des Internierten bei der Nennung entsprechender Referenzen erfolgen.[84]

3. „Sender der europäischen Revolution“

Auerbach, Eberhard, Kahn-Freund und Monte gründeten in England einen Rundfunksender für Arbeiter – den „Sender der europäischen Revolution“ –,[85] der am 7. Oktober 1940[86] mit den Worten auf Sendung ging:

> „Hier spricht der Sender der europäischen Revolution! Wir sprechen für alle, die zum schweigen verdammt sind! Wir rufen die Massen zur politischen und sozialen Revolution! Wir kämpfen für ein Europa des Friedens!“[87]

---

78 *Sabine Lemke-Müller*, Ethischer Sozialismus und soziale Demokratie. Der politische Weg Willi Eichler vom ISK zur SPD (Forschungsinstitut der Friedrich-Ebert-Stiftung, Reihe: Politik- und Gesellschaftsgeschichte, Bd. 19), Bonn 1988, S. 147; *Renate Held*, Kriegsgefangenschaft in Großbritannien. Deutsche Soldaten des Zweiten Weltkriegs in britischem Gewahrsam (Veröffentlichungen des Deutschen Historischen Instituts London, Bd. 63), München 2008.

79 *Eiber*, S. IX.

80 *Jabs*, S. 85.

81 *Lemke-Müller*, Ethischer Sozialismus.

82 *Gerhard Beier*, Hans Gottfurcht. Arbeiterdiplomat aus der Angestelltenbewegung. In: Ders., Schulter an Schulter, S. 73–78.

83 Sozialistische Mitteilungen Nr. 24, 1941, S. 14; *Eiber*, S. XX–XXI; *Lemke-Müller*, Ethischer Sozialismus, S. 147–148; *Röder*, Exilgruppen, S. 120.

84 *Lemke-Müller*, Ethischer Sozialismus, S. 148.

85 *Fritz Eberhard*, Arbeit gegen das Dritte Reich (Beiträge zum Thema Widerstand, Bd. 10), Berlin 1981, S. 28.

86 *Conrad Pütter*, Rundfunk gegen das „Dritte Reich“. Deutschsprachige Rundfunkaktivitäten im Exil 1933–1945. Ein Handbuch (Rundfunkstudien, Bd. 3), München/London/New York/Oxford/Paris 1986, S. 106.

87 Zitiert nach: *Nelles*, S. 341.

Der deutsche Leiter, Hauptkommentator und Sprecher des „Senders der europäischen Revolution“ war der Landesvorsitzende der SPD im Nachkriegsbayern und SPD-Bundestagsabgeordnete Waldemar von Knoeringen (1906–1971)[88].[89] Kahn-Freund versorgte die Mitarbeiter des Senders mit Nachrichten aus Deutschland.[90]

Als sogenannter Grau- oder Schwarzsender verschleierte der Sender seinen geographischen Standort.[91] Ein erster konservativer „Schwarzsender“ „Hier spricht Deutschland“, der sich an das nationale und konservative Bürgertum in Deutschland richtete, war bereits Ende Mai 1940 unter Leitung des früheren Reichstagsabgeordneten Carl Spiecker (1888–1953)[92] vom Zentrum in England eingerichtet worden. Vom Exil aus war der Rundfunk eine der wenigen Möglichkeiten, sich in Deutschland vernehmbar zu machen.[93] Eberhard nannte die Sendungen einen „Versuch, nach Deutschland hineinzusprechen“.[94] Kahn-Freund war davon überzeugt, durch die Sendungen zu einer „wesentlichen Verbesserung der Radiopropaganda“ beizutragen.[95] Mehrmals am Tag sendete der „Sender der europäischen Revolution“ ein Programm für Hörer in Deutschland.[96] Er erreichte diejenigen Deutschen, die Deutschlands Niederlage herbeisehnten.[97]

Der „Sender der europäischen Revolution“ arbeitete zunächst in London, seit 1941 in Bletchley und sendete bis Juni 1942.[98] Die Durchführung eines geordneten Sendebetriebs war problematisch, da England die Propaganda über den

---

88 *Helga Grebing / Dietmar Süß* (Hrsg.), Waldemar von Knoeringen (1906–1971). Ein Erneuerer der deutschen Sozialdemokratie, Bd. 1, Berlin 2006; *Franz Menges*, Knoeringen, Waldemar von. In: Neue Deutsche Biographie, Bd. 12, Berlin 1980, S. 204–205.

89 *Pütter*, Rundfunk gegen das „Dritte Reich“, S. 107.

90 *Pütter*, Rundfunk gegen das „Dritte Reich“, S. 107.

91 *Conrad Pütter*, Deutsche Emigranten und britische Propaganda. Zur Tätigkeit deutscher Emigranten bei britischen Geheimsendern. In: Hirschfeld (Hrsg.), Exil in Großbritannien, S. 106–137, hier S. 106.

92 *Kurt Düwell*, Spiecker, Karl. In: Neue Deutsche Biographie, Bd. 24, Berlin 2010, S. 677–678.

93 *Held*, S. 116; *Nelles*, S. 340–341.

94 *Fritz Eberhard*, Erfahrungsbericht. In: Lemke-Müller, Ethik des Widerstands, S. 68–79, hier S. 78.

95 Archiv der sozialen Demokratie der Friedrich-Ebert-Stiftung, Nachlass Walter Auerbach, Brief Kahn-Freund an Walter Auerbach vom 5.9.1940.

96 *Pütter*, Rundfunk gegen das „Dritte Reich“, S. 106–107.

97 *Sefton Delmer*, Die Deutschen und ich, Hamburg 1962, S. 444.

98 *Pütter*, Rundfunk gegen das „Dritte Reich“, S. 106; *Delmer*, S. 442.

Rundfunk in ein anderes Land ungern Emigranten allein überließ.[99] Finanziert, technisch ausgestattet, geplant, geleitet und überwacht wurde der Sender vom britischen Geheimdienst,[100] der die Mitarbeiter des Senders auf seine politische Zuverlässigkeit hin überprüfte.[101] Die redaktionelle Führung lag von britischer Seite bei dem Labour Politiker Richard Crossmann. Crossmann hatte während des Zweiten Weltkriegs Kontakt mit dem deutschen Widerstand gegen den Nationalsozialismus. Er negierte die Verantwortung aller Deutschen für die Verbrechen der Nationalsozialisten.[102]

Der „Sender der europäischen Revolution", dessen Zielgruppe die Arbeiterschaft war, verfolgte eine revolutionär-sozialistische Politik.[103] Er strahlte Pläne zur Sabotage und Aufforderungen zum passiven Widerstand in Deutschland aus,[104] um den deutschen Widerstand zu ermutigen.[105] Außenpolitisch wurde auf Hitlers „Weltherrschaftspläne" hingewiesen und darauf, dass Großbritannien Verbündeter der „deutschen Revolutionäre" sei.[106] Der Sender propagierte ein geeintes Europa unter Anführung der Arbeiterklasse. Er forderte eine Beseitigung von Kapitalismus, Militarismus, Imperialismus und Nationalismus in allen europäischen Staaten. Hingewiesen wurde in den Sendungen auf die Zusammenarbeit deutscher Konzerne mit den Nationalsozialisten. Von der Sowjetunion erhoffte sich der Sender keine Hilfe, da der Sozialismus dort „entartet" sei. Er kritisierte Stalin als einen brutalen Diktator. Gefordert wurde in den Sendungen eine Wiedergutmachung an den Opfern des Nationalsozialismus.[107]

---

99 *Nelles*, S. 340–341.

100 *Eberhard*, Erfahrungsbericht, S. 78; *Pütter*, Rundfunk gegen das „Dritte Reich", S. 106.

101 *Held*, S. 117; *Conrad Pütter*, Der „Sender der Europäischen Revolution" im System der britischen psychologischen Kriegsführung gegen das „Dritte Reich". In: Walter Hinck / Eberhard Lämmert / Hermann Weber (Hrsg.), Leben im Exil. Probleme der Integration deutscher Flüchtlinge im Ausland (Historische Perspektiven, Bd. 18), Hamburg 1981, S. 168–180, hier S. 171; *Pütter*, Rundfunk gegen das „Dritte Reich", S. 106.

102 *Röder*, Exilgruppen, S. 186.

103 *Pütter*, Sender, S. 170.

104 *Nelles*, S. 341; *Röder*, Exilgruppen, S. 185; *Pütter*, Sender, S. 168; *Gerhard Hirschfeld*, Deutsche Emigranten in Großbritannien und ihr Widerstand gegen den Nationalsozialismus. In: Klaus-Jürgen Müller / David N. Dilks (Hrsg.), Großbritannien und der deutsche Widerstand 1933–1944, Paderborn/München/Wien/Zürich 1994, S. 107–121, hier S. 117.

105 *Ernst Loewy*, Exil und Rundfunk. Ein Überblick. In: Walter Hinck / Eberhard Lämmert / Hermann Weber (Hrsg.), Leben im Exil, S. 145–167, hier S. 153.

106 *Nelles*, S. 341; *Röder*, Exilgruppen, S. 185; *Pütter*, Sender, S. 168; *Hirschfeld*, Deutsche Emigranten, S. 117.

107 *Pütter*, Rundfunk gegen das „Dritte Reich", S. 107.

Die Nationalsozialisten hörten das Programm des „Senders der europäischen Revolution“ und bombardierten den Standort, um den Sender als Faktor der Meinungsbildung auszuschalten. Sie verfehlten das Gebäude.[108] Auch in England musste Kahn-Freund damit eine Verfolgung durch die Nationalsozialisten fürchten, die einen ernsthaften Kampf gegen alle Emigranten führten.[109]

Der „Sender der europäischen Revolution“ musste seinen Betrieb[110] nach einer entsprechenden Aufforderung durch die Engländer einstellen. Diverse Faktoren trugen zur Schließung des Senders bei. Zum einen verlor der Sender seine Bedeutung nach dem Stocken des deutschen Vormarschs in der Sowjetunion und dem Kriegseintritt der USA.[111] Zum anderen übte die Sowjetunion Druck auf Großbritannien aus, den Sendebetrieb wegen der kritischen Haltung gegenüber der Sowjetunion einzustellen.[112] Großbritannien lag daran, der Sowjetunion zu zeigen, dass Großbritannien keinen Separatfrieden mit Deutschland suchte. Derartige Verdächtigungen sollten von Beginn an im Keim erstickt werden.[113]

Die Einstellung des Sendebetriebs war ein Zeichen für den geringen Einfluss deutscher Emigranten in der internationalen Politik.[114] Der intensivierte Krieg, die Verbissenheit der deutschen Kriegsführung und die nationalsozialistischen Verbrechen ließen den ohnehin schwachen Einfluss deutscher Emigranten in Großbritannien zurückgehen.[115] An einer Zusammenarbeit mit deutschen Exilanten waren die Briten mit der zunehmenden Dauer des Kriegs nicht mehr interessiert. Die Engländer suchten eine ausschließlich militärische Lösung des Kriegs gegen das nationalsozialistische Deutschland.[116] Im Ergebnis waren die Aufrufe zu Sabotage und Widerstand durch den „Sender der europäischen

108 *Eberhard*, Erfahrungsbericht, S. 78.

109 *Röder*, Exilgruppen, S. 186.

110 *Werner Link* (Bearb.), Mit dem Gesicht nach Deutschland. Eine Dokumentation über die sozialdemokratische Emigration (Veröffentlichungen der Kommission für Geschichte des Parlamentarismus und der politischen Parteien), Düsseldorf 1968, S. 128.

111 *Nelles*, S. 343.

112 *Pütter*, Sender, S. 177.

113 *Rainer Behring*, Demokratische Außenpolitik für Deutschland. Die außenpolitischen Vorstellungen deutscher Sozialdemokraten im Exil (Beiträge zur Geschichte des Parlamentarismus und der politischen Parteien, Bd. 117), Düsseldorf 1999, S. 262.

114 *Behring*, S. 251.

115 *Loewy*, S. 153.

116 *Ernesto Harder*, Vordenker der „ethischen Revolution“. Willi Eichler und das Godesberger Programm der SPD (Archiv der sozialen Demokratie der Friedrich-Ebert-Stiftung, Reihe: Politik- und Gesellschaftsgeschichte, Bd. 95), Bonn 2013, S. 86; *Held*, S. 118.

Revolution“ erfolglos. Der Spielraum für Kahn-Freund als Emigrant zugunsten Deutschlands etwas zu erreichen war gering. Auf die 1969 gestellte Frage, ob er im Exil politisch aktiv war, antwortete Kahn-Freund:

> „Nein – außer im Zusammenhang mit der politischen Kriegsführung.“[117]

Auerbach und Kahn-Freund sprachen wiederholt bei der BBC vor,[118] wo Kahn-Freund Leiter eines Ausschusses, der Sendungen des deutschen Rundfunks beurteilte, war.[119] Auerbach, Eberhard, Kahn-Freund und Monte argumentierten gegen den Aufruf zu Widerstandsaktionen durch die britische Regierung und ein namentliches Auftreten deutscher Emigranten in der BBC, die einzelnen deutschen Flüchtlingen und keinen Exilorganisationen Möglichkeiten zur Mitwirkung an Mitteilungen nach Deutschland bot. Sie begründeten ihre Meinung mit den Worten:

> „BBC-Sendungen sind Sendungen einer englischen Regierungsinstitution, die nur Alliierten Englands eine gewisse Sendeautonomie lässt. Solange die innerdeutsche Anti-Nazibewegung nicht als Verbündete anerkannt ist, sind deutschsprachige Arbeitersendungen aus London englische Propagandasendungen und werden von den Hörern als solche empfunden. Alle Emigranten, die heute auf ihre Zugehörigkeit zu gewerkschaftlichen usw. Organisationen via BBC sprechen, belasten die Gesamtbewegung bei der überwiegenden Mehrheit der BBC-Hörer.“[120]

4. „The Next Germany“

Auerbach, Eberhard, Kahn-Freund, Mandelbaum und Monte veröffentlichten 1943 gemeinschaftlich eine Schrift unter dem Titel „The Next Germany“ ohne eine Nennung der Autoren der einzelnen Kapitel.[121] Auf die Anonymität der Autoren der einzelnen Beiträge legte Kahn-Freund im Gegensatz zu Auerbach keinen besonderen Wert.[122] Laski schlug den Titel „The Next Germany“ vor.[123] Kahn-Freund, der ursprünglich den Titel „A better Germany“ vorge-

117 Zitiert nach: *Stuiber*, Die Initiatoren und Initiatorinnen von „German Educational Reconstrucition“, S. 50.

118 Archiv der sozialen Demokratie der Friedrich-Ebert-Stiftung, Nachlass Walter Auerbach, Brief Kahn-Freund an Walter Auerbach vom 5.5.1940.

119 *Röder*, Exilgruppen, S. 182–183; *Jabs*, S. 85.

120 Zitiert nach: *Nelles*, S. 340. Siehe auch: *Jabs*, S. 85; *Lemke-Müller*, Ethischer Sozialismus, S. 148; *Röder*, Exilgruppen, S. 182–183.

121 The next Germany. A Basic Discussion on Peace in Europe, Harmondsworth 1943/ New York 1944.

122 Archiv der sozialen Demokratie der Friedrich-Ebert-Stiftung, Nachlass Walter Auerbach Mappe 47, Kahn-Freund an Walter Auerbach, 3. August 1943.

123 *Irene Stuiber*, Politik und Journalismus. Neuorientierung in Deutschland 1945–1949. In: Bernd Sösemann (Hrsg.), Fritz Eberhard, S. 202–212, hier S. 203.

schlagen hatte,[124] übersetzte das auf Deutsch verfasste Werk ins Englische.[125] Überlegungen nach Ende des 2. Weltkriegs, die Schrift in Deutschland zu veröffentlichen, stand er ablehnend gegenüber. Er schrieb:

> „Das Büchlein ging davon aus, dass eine Revolution in Deutschland eintreten würde. Diese Voraussetzung war falsch."[126]

An der Ausarbeitung des Manuskripts wirkte im Hintergrund die Ehefrau Auerbachs Käte mit, die mit Kahn-Freund wegen der Veröffentlichung der Schrift in Kontakt stand.[127] Gegenüber Walter Auerbach erklärte Kahn-Freund im Vorfeld der Veröffentlichung voller Sorge, „dieser Sache nicht gewachsen" zu sein.[128]

Das Autorenkollektiv stellte in der Schrift Überlegungen zu einer vollständigen Neuordnung Deutschlands nach dem Krieg an und versuchte gegenüber den künftigen Besatzungsmächten ihre Ziele im Rahmen einer Neuordnung Deutschlands abzustecken. Es forderte nach dem Krieg den Aufbau einer Rätedemokratie in Deutschland, die von der „proletarischen Revolution" mit Zustimmung der Alliierten geschaffen werden sollte. Die Arbeiterschaft sollte ein Garant eines stabilen Nachkriegsdeutschlands sein.[129]

Die „Sozialistischen Mitteilungen" würdigten die Schrift mit den Worten:

> „Es ist eine der ernsthaftesten Auseinandersetzungen mit dem Problem der Zukunft Deutschlands, die bisher veroeffentlicht wurden: knapp, ohne oberflaechlich zu werden; umfassend, ohne sich in Einzelheiten zu verlieren; und weitschauend, ohne sich auf die Irrwege kuehnen Prophezeiens zu begeben.
>
> Selbstverstaendlich laesst sich dieses Buch – schon weil es sich mit Zukunftsfragen befasst – nicht als das letzte Wort zum Problem des kommenden Deutschland auffassen. Eher koennte man es als ersten Schritt bezeichnen: als Schritt, der aus der fruchtlosen Debatte ueber duestere Vergangenheit und hoffnungslose totale Schuld-Theorien ins Licht der positiven Vorschlaege und Zielsetzungen fuehrt.
>
> Die Grundtendenz des Buches (dessen Inhalt hier nur in grossen Zuegen wiedergegeben werden kann) kommt in dem Satze zum Ausdruck: 'Wir fassen eine sozialistische Loesung fuer Deutschland ins Auge, um seiner selbst willen und um der

---

124 Archiv der sozialen Demokratie der Friedrich-Ebert-Stiftung, Nachlass Walter Auerbach Mappe 48, Kahn-Freund an Walter Auerbach, 10. September 1943.

125 *Stuiber*, Politik und Journalismus, S. 203.

126 Archiv der sozialen Demokratie der Friedrich-Ebert-Stiftung, Nachlass IJB/ISK Mappe 58, Kahn-Freund an Walter Auerbach, 13. Dezember 1945.

127 Archiv der sozialen Demokratie der Friedrich-Ebert-Stiftung, Nachlass Walter Auerbach Mappe 72, Käte Auerbach an Kahn-Freund, ohne Datum.

128 Archiv der sozialen Demokratie der Friedrich-Ebert-Stiftung, Nachlass Walter Auerbach Mappe 72, Kahn-Freund an Walter Auerbach, Ostermontag ohne Jahr.

129 *Nelles*, S. 376 Anm. 264; *Röder*, Exilgruppen, S. 223; *o. V.*, Kahn-Freund, S. 169.

Einordnung Deutschlands in Europa willen, die durch die Vernichtung jener Maechte moeglich wird, welche die deutsche Angriffspolitik hervorbrachten.' In diesem Sinne erfolgt eine scharfe Warnung vor den Gefahren, die eine deutsche Darlan-Politik oder eine Schacht-Diktatur bedeuten wuerde."[130]

Kahn-Freunds Ziel bildete noch 1943 eine „sozialistische Revolution" in Deutschland[131] und ganz Europa, um auf diesem Wege eine „Einheit Europas" zu erreichen.[132] Ein freiheitlicher Sozialismus war sein Ideal. Der marxistisch ausgerichteten deutschen Widerstandgruppe „Neu Beginnen" mit Sitz in London stand er ablehnend gegenüber.[133]

5. „German Educational Reconstruction" (GER)

Gemeinsam mit Auerbach, der 1933 nach Dänemark und im November 1938 nach Großbritannien geflohenen Sozialistin und Pädagogin Minna Specht (1879–1961), im Nachkriegsdeutschland erste Leiterin der Odenwaldschule,[134] dem 1939 nach England geflohenen Literaturhistoriker Werner Milch (1903–1950), zwischen 1949 und 1950 Professor für deutsche und vergleichende Literaturgeschichte an der Universität Marburg,[135] dem 1934 nach Großbritannien geflohenen Sozialdemokraten Fritz Borinski (1903–1988) – Professor für Erziehungswissenschaften an der FU Berlin zwischen 1956 und 1970 –,[136] Monte[137] und Eberhard arbeitete Kahn-Freund in der 1943 gegründeten Organisation „German Educational Reconstruction" (GER) zusam-

130 Sozialistische Mittelungen Nr. 57 (1943), S. 4.

131 *Stefan Graf Finck von Finckenstein*, Vita in Stichworten. In: Bernd Sösemann (Hrsg.), Fritz Eberhard, S. 71–82, hier S. 77.

132 Archiv der sozialen Demokratie der Friedrich-Ebert-Stiftung, Nachlass Walter Mappe 67, Kahn-Freund an Walter Auerbach, ohne Datum.

133 *Nelles*, S. 336.

134 Archiv der sozialen Demokratie der Friedrich-Ebert-Stiftung, Nachlass Minna Specht, Mappe 1, N.N. an Minna Specht, 15. Mai 1944; *Inge Hansen-Schaberg*, Minna Specht. Eine Sozialistin in der Landeserziehungsheimbewegung. Untersuchung zur pädagogischen Biographie einer Reformpädagogin (1918 bis 1951) (Studien zur Bildungsreform Bd. 22), Frankfurt am Main/Bern/New York/Paris 1992; *Stuiber*, Die Initiatoren und Initiatorinnen von „German Educational Reconstrucition", S. 48–49, 56.

135 *Stuiber*, Die Initiatoren und Initiatorinnen von „German Educational Reconstrucition", S. 50–51.

136 *Stuiber*, Die Initiatoren und Initiatorinnen von „German Educational Reconstrucition", S. 51–52; Politische Bildung in der Demokratie. Fritz Borinski zum 65. Geburtstag, hrsg. von *Gerd Doerry*, Berlin 1968.

137 *Stuiber*, Die Initiatoren und Initiatorinnen von „German Educational Reconstrucition", S. 52–53.

men.[138] Private und kirchliche Kreise in England unterstützten die Gründung dieser Organisation.[139] Die Mitglieder von GER – einer akademisch-wissenschaftlichen Vereinigung – stammten in der Mehrheit aus bürgerlichen assimilierten deutsch-jüdischen Familien und der sozialistischen Arbeiterbewegung. Sie hatten eine akademische Ausbildung. Nur wenige von ihnen pflegten untereinander vor dem Exil intensiveren Kontakt.[140] Die Gründer von GER besaßen Kompetenzen auf dem Gebiet der Erwachsenenbildung, Publizistik, Politik, Zusammenarbeit politischer Eliten, des Widerstands und der Propagandaarbeit gegen den Nationalsozialismus.[141] Die GER war wohl die „einzige überparteiliche Organisation" im britischen Exil „mit gesellschaftspolitischer Zielsetzung".[142] An der GER wirkten zwischen 140 und 150 deutsche Exilanten mit, womit die Organisation eine der bedeutendsten Zusammentreffen deutscher Exilanten in England war. Ein erstes Treffen der GER fand im September 1943 bei Specht statt.[143]

Der Terminus „German Educational Reconstruction" war bewusst gewählt. Das Gründungskomitee der GER erklärte im Juni 1943:

> „Man wählte [...] das Wort 'Reconstruction', Neubau, um zu bekunden, daß der Neubau des Erziehungswesens nur im Rahmen der allgemeinen gesellschaftlichen und geistigen Erneuerung aller Völker unternommen werden kann."[144]

Ziel der Vereinigung war es, „vertriebenen Lehrern und Sozialarbeitern [...] bei der Vorbereitung auf die Aufgaben der Neuordnung in Deutschland nach der Niederwerfung des Nazismus zu helfen".[145] Die GER entwarf Pläne für die Erziehung der Jugend im Nachkriegsdeutschland,[146] plante unter Mitwirkung

---

138 *Fritz Borinski*, German Educational Reconstruction. In: Helmut / Willi Eichler / Gustav Heckmann (Hrsg.), Erziehung und Politik. Minna Specht zu ihrem 80. Geburtstag, Frankfurt am Main 1960, S. 77–89, hier S. 81; *Fritz Borinski*, Die Geschichte von G.E.R. In: Die Sammlung 3 (1948), S. 49–55, hier S. 51; *Röder*, Exilgruppen, S. 84.

139 *Held*, S. 208.

140 *Stuiber*, Die Initiatoren und Initiatorinnen von „German Educational Reconstrucition", S. 54.

141 *Stuiber*, Die Initiatoren und Initiatorinnen von „German Educational Reconstrucition", S. 53.

142 *Stuiber*, Die Initiatoren und Initiatorinnen von „German Educational Reconstrucition", S. 48.

143 *Hansen-Schaberg*, S. 105.

144 Zitiert nach: *Hansen-Schaberg*, S. 104.

145 Archiv der sozialen Demokratie der Friedrich-Ebert-Stiftung, Nachlass Walter Auerbach, Mappe 331, Ernest Barker an Walter Auerbach, 24. August 1951; *Röder*, Exilgruppen, S. 84.

146 *Hansen-Schaberg*, S. 103.

von Engländern die Neuordnung des Bildungs- und Erziehungswesens im Nachkriegsdeutschland und informierte die britische Bevölkerung durch Veröffentlichungen und Vorträge über die aktuelle Lage in Deutschland,[147] um der englischen Gesellschaft Wissen über Deutschland näher zu bringen.[148] Kahn-Freund hielt in London Vorträge vor englischen Gewerkschaftlern und der Labour Party. Um seine noch in Deutschland lebenden Verwandten nicht zu gefährden, trat er immer wieder unter dem Deckmantel „Richard Winner" auf.[149] Ein zentrales Thema war für Kahn-Freund vermutlich stets, wie es Verwandten und Freunden ging, die noch in Deutschland waren und denen keine Flucht gelungen war. Möglicherweise war die Vortragstätigkeit für Kahn-Freund ein Weg, Ängste zu überwinden.

Die GER beteiligte sich nach 1945 an der Umerziehungsarbeit in englischen Kriegsgefangenenlagern.[150] Kahn-Freund kümmerte sich im Rahmen der GER in sozialer Hinsicht um deutsche Soldaten, die in britische Kriegsgefangenschaft geraten waren.[151] In dem dem britischen Außenministerium unterstehenden „Training Centre" im Wilton Park wurden deutsche Kriegsgefangene, die Interesse an der Demokratie zeigten, von den Briten und der GER in Politik, Geschichte, Nationalökonomie, Philosophie und Soziologie unterrichtet.[152]

Bis 1958 war die GER ein Forum für den deutsch-englischen Gedankenaustausch. Ein Ziel war es nach 1945, deutschen Politikern, Wissenschaftlern, Lehrern einen Besuch in England zu ermöglichen. Die GER errichtete in der Nachkriegszeit sogar ein Büro in Bonn.[153] In London führte Kahn-Freund in der Nachkriegszeit mit der GER, der deutsch-englischen Austauschstelle für sozialen Fortschritt in Bonn und der Amerikanischen Hohen Kommission eine international beachtete Konferenz über „Industrial Relations in Great Britain"

147 *Stuiber*, Die Initiatoren und Initiatorinnen von „German Educational Reconstrucition", S. 48.

148 *Stuiber*, Die Initiatoren und Initiatorinnen von „German Educational Reconstrucition", S. 54.

149 Archiv der sozialen Demokratie der Friedrich-Ebert-Stiftung, Nachlass Werner Hansen, Otto Kahn-Freund, Beiträge zum Neuaufbau des deutschen Arbeitsrechts, London 1944; *Ramm*, Kahn-Freund und Deutschland, S. XXIX.

150 *Röder*, Exilgruppen, S. 84.

151 *Luthardt*, Arbeit, Recht und Gerechtigkeit, S. 187.

152 *Stuiber*, Die Initiatoren und Initiatorinnen von „German Educational Reconstrucition", S. 53.

153 Archiv der sozialen Demokratie der Friedrich-Ebert-Stiftung, Nachlass Walter Auerbach, Mappe 331, Ernest Barker an Walter Auerbach, 24. August 1951; *Eiber*, S. CXXXV; *Lemke-Müller*, Ethischer Sozialismus, S. 183.

durch.[154] Die Referenten auf der Konferenz untersuchten „das Wesen der Beziehungen zwischen Arbeitgebern und Arbeitnehmern“ in Großbritannien. Kahn-Freund hielt einen Vortrag über „The legal backgrounds of industrial relations in Britain“.[155]

154 Archiv der sozialen Demokratie der Friedrich-Ebert-Stiftung, Nachlass Walter Auerbach, Mappe 331, Ernest Barker an Walter Auerbach, 24. August 1951.

155 Archiv der sozialen Demokratie der Friedrich-Ebert-Stiftung, Nachlass Walter Auerbach, Mappe 331, G.E.R. Industrial Relations in Great Britain.

D) Unmittelbare Nachkriegszeit

I. Keine Remigration nach Deutschland

Kahn-Freund blieb nach 1945 in Großbritannien. Er kehrte bewusst nicht nach Deutschland zurück und ging weder in die Vereinigten Staaten von Amerika noch in das 1948 gegründete Israel. Wenig Verständnis hatte er für die Entscheidung Fraenkels,[1] der trotz Bedenken nach Deutschland zurückkehrte,[2] und die Mehrheit der Mitglieder der GER, die remigrierten.[3] Sein Bleiben in England erklärte er aufgrund eigener Erfahrungen mit der dortigen „Kunst des menschlichen Zusammenlebens" in der „sozialen Zivilisation"[4]. Skeptisch fragte er, ob das „parlamentarische System in Deutschland wirklich" funktionieren wird.[5] Das Trauma der Emigration aus Deutschland verfolgte ihn sein ganzes Leben. 1977 erklärte er, dass er, wenn er nachts Alpträume habe, sich in Frankfurt oder Berlin befinde.[6] Er gab sich keinen Illusionen hin und erklärte hinsichtlich Deutschlands:

> „In diesem Land werde ich nie mehr leben können."[7]

Ramm bemerkte, dass Kahn-Freund es „im Grunde niemals verwunden" hat, „dass ihn das Land, dem er sich zugehörig gefühlt und für das er sich bewusst entschieden hatte, so brutal zurückgestoßen hatte".[8] Verheerend auf Kahn-Freunds Gedankenwelt wirkte sich aus, dass zahlreiche seiner früheren Kollegen die Nationalsozialisten unterstützt hatten und wieder an deutschen Universitäten lehrten oder in der Justiz wirkten. Er schrieb an Fraenkel:

> „Im Grunde finde ich es schlimmer, dass eine Festschrift für Carl Schmitt erscheint, als daß eine Synagoge in Köln beschmiert wird."[9]

---

1 *Däubler*, Kahn-Freund, S. 386.

2 *Wildt*, Angst, S. 322.

3 *Stuiber*, Die Initiatoren und Initiatorinnen von „German Educational Reconstrucition", S. 55.

4 *Ramm*, Kahn-Freund und Deutschland, S. XXVII.

5 Archiv der sozialen Demokratie der Friedrich-Ebert-Stiftung, Nachlass Walter Auerbach, Mappe 40, Kahn-Freund an Walter Auerbach, 25. Januar 1949.

6 *Däubler*, Kahn-Freund, S. 386.

7 *Ramm*, Kahn-Freund und Deutschland, S. XXX.

8 *Ramm*, Kahn-Freund und Deutschland, S. XXXI.

9 Zitiert nach: *Ladwig-Winters*, Fraenkel, S. 264.

Skeptisch stand Kahn-Freund auch Nipperdey gegenüber.[10] Anlässlich der Berufung bzw. Wiedereinsetzung[11] Nipperdeys in Köln erbat der Berufungsausschuss der Universität zu Köln eine Stellungnahme Kahn-Freunds zur Verstrickung Nipperdeys in den Nationalsozialismus. Kahn-Freund hielt sich zurück und erklärte „weder für noch gegen ihn Stellung nehmen" zu können.[12] Eine umfassende Untersuchung über die Verstrickung Nipperdeys in den Nationalsozialismus steht aus.

Kahn-Freund beklagte die mangelhafte Auseinandersetzung der Deutschen mit der Vergangenheit, die Verdrängung des Nationalsozialismus in der deutschen Gesellschaft und erklärte:

> „Hat es Hitler eigentlich gegeben oder war er nur eine Phantasmagorie? Jedenfalls ist man physiologisch und psychologisch unfähig, dem Phänomen ins Gesicht zu sehen, seine Ursachen zu erkennen und neu anzufangen, mit ihm fertig zu werden."[13]

Ihm zufolge verhielt sich die deutsche Gesellschaft so, als habe es „Hitler [...] nie gegeben".[14] Er hielt das „deutsche Volk" für „politisch unreif".[15]

Walter Auerbach teilte er mit:

> „Meine Gedanken sind ja so oft bei Ihnen und den anderen, die 1945–46 nach Deutschland zurückkehrten, und ich frage mich oft, ob denn die menschliche Natur ein solches Maß von Enttäuschung und Bitterkeit ertragen kann."[16]

Er schrieb an Auerbach zudem:

> „Sie wissen, dass ich nie ein fanatischer Jude war, aber ich beobachte an mir selbst, dass nichts aber auch nichts jemals an emotionalem Gewicht die Ermordung von 6 Millionen Juden durch Deutsche wird wettmachen können. Ebenso wenig

---

10 Archiv der sozialen Demokratie der Friedrich-Ebert-Stiftung, Nachlass Walter Auerbach, Mappe 40, Kahn-Freund an Walter Auerbach, 19. Januar 1947.

11 *Joachim Rückert*, Nipperdey, Hans Carl. In: Neue Deutsche Biographie, Bd. 19, Berlin 1999, S. 280–282, hier S. 281.

12 Archiv der sozialen Demokratie der Friedrich-Ebert-Stiftung, Nachlass Walter Auerbach, Mappe 40, Kahn-Freund an Walter Auerbach, 16. März 1947.

13 *Ramm*, Kahn-Freund und Deutschland, S. XXX.

14 Archiv der sozialen Demokratie der Friedrich-Ebert-Stiftung, Nachlass Walter Auerbach, Mappe 40, Kahn-Freund an Walter Auerbach, 19. Januar 1947; *Bergemann / Ladwig-Winters*, S. 219.

15 Archiv der sozialen Demokratie der Friedrich-Ebert-Stiftung, Nachlass Walter Auerbach, Mappe 40, Kahn-Freund an Walter Auerbach, 16. März 1947.

16 Archiv der sozialen Demokratie der Friedrich-Ebert-Stiftung, Nachlass Walter Auerbach, Mappe 40, Kahn-Freund an Walter Auerbach, 2. September 1949.

> wie Polen, Tschechen oder Russen über das hinwegkommen werden, was Deutsche in ihren Ländern getan haben."[17]

Diese Aussage zeigt das Wissen Kahn-Freunds darum, dass er nur knapp den nationalsozialistischen Morden entging. Kahn-Freund kehrte nicht in ein Land zurück, das ihm alles genommen hatte. Ihm blieb die Erinnerung an Verwandte, Freunde, Bekannte und Klassenkameraden, die ermordet worden waren. Umständehalber distanzierte er sich von seinem deutschen Erbe. Erstmals deutschen Boden nach dem 2. Weltkrieg betrat er Anfang Januar 1947.[18] Er reiste für zwei Wochen nach Bünde, Düsseldorf, Duisburg, Ludwigshafen, Bonn, Köln und Münster, wo er Vorträge hielt.[19] Verheerend auf seine Gedankenwelt wirkte sich aus, dass eine Hörerin in Düsseldorf den Nationalsozialismus zu rechtfertigten versuchte.[20] In Köln traf er 1947 den früheren SPD-Reichstagsabgeordneten und Gewerkschafter Hans Böckler (1875–1951)[21].[22] Beeindruckt war er von den „jungen Leuten, über die Weltanschauungsgrenze hinweg zur praktischen Erörterung praktischer Probleme" zu gelangen.[23] Nach seiner Rückkehr aus Deutschland nach London berichtete er Auerbach, „betrübt und verstört zurückgekommen" zu sein.[24] Er schrieb an ihn:

> „Es waren aufregende 14 Tage für mich, ich sah vieles zu vieles, das mir allzu vertraut war. [...] Ich habe viel gelernt, aber wohler ist mir nicht."[25]

Höchst wahrscheinlich erlebte Kahn-Freund bei seiner Rückkehr nach Deutschland ein Wechselbad der Gefühle. Überall um sich herum vernahm er die deutsche Sprache. Er sah und traf Menschen, die im Nationalsozialismus in Deutschland gelebt hatten und möglicherweise schuldig waren. Treffend

---

17 Archiv der sozialen Demokratie der Friedrich-Ebert-Stiftung, Nachlass Walter Auerbach, Mappe 40, Kahn-Freund an Walter Auerbach, 16.3.1947.

18 *Ramm*, Kahn-Freund und Deutschland, S. XXX; *o. V.*, Kahn-Freund, S. 169.

19 Archiv der sozialen Demokratie der Friedrich-Ebert-Stiftung, Nachlass Walter Auerbach, Mappe 330, Kahn-Freund an Walter Auerbach, 14.1.1947.

20 Archiv der sozialen Demokratie der Friedrich-Ebert-Stiftung, Nachlass Walter Auerbach, Mappe 40, Kahn-Freund an Walter Auerbach, 16.3.1947.

21 *Alfred Milatz*, Böckler, Hans. In: Neue Deutsche Biographie, Bd. 2, Berlin 1955, S. 371–372.

22 Archiv der sozialen Demokratie der Friedrich-Ebert-Stiftung, Nachlass Hans Böckler, Kahn-Freund an Hans Böckler, 25. September 1947.

23 Archiv der sozialen Demokratie der Friedrich-Ebert-Stiftung, Nachlass Walter Auerbach, Mappe 40, Kahn-Freund an Walter Auerbach, 19.1.1947.

24 Archiv der sozialen Demokratie der Friedrich-Ebert-Stiftung, Nachlass Walter Auerbach, Mappe 40, Kahn-Freund an Walter Auerbach, 19.1.1947.

25 Archiv der sozialen Demokratie der Friedrich-Ebert-Stiftung, Nachlass Walter Auerbach, Mappe 40, Kahn-Freund an Walter Auerbach, 19.1.1947.

erklärte Micha Brumlik im Rückblick über jüdisches Leben im Nachkriegsdeutschland:

> „Wer […] als Jude Brötchen kaufen ging, mit der Straßenbahn fuhr oder auf einem Amt etwas erledigen musste, hatte eine große Chance, im Bäcker, im Schaffner oder im Regierungsrat einen ehemaligen SS-Mann, einem an der ‘Partisanenbekämpfung’ und Deportationen beteiligten Wehrmachtssoldaten oder einem ehemaligen Beamten, der Arisierungen legalisiert hatte, zu begegnen.“[26]

Kahn-Freund unterzeichnete 1948 einen Aufruf der „British Aid for German Workers“ an die britische Bevölkerung zur Unterstützung der Opfer des Nationalsozialismus in Deutschland durch Spenden von Kleidung, Lebensmitteln und Geld an die Arbeiterwohlfahrt.[27] Von der sozialen und wirtschaftlichen Lage im Nachkriegsdeutschland war er tief erschüttert.[28] Auch wenn er keinen Teil der deutschen Gesellschaft mehr werden wollte und sich nicht aktiv an einem Aufbau eines neuen und demokratischen Deutschlands beteiligte, betrachtete er die zentrale Thematik der „Wiederaufrüstung“ der Bundesrepublik Deutschland und den „Patriarchismus der Adenauer-Zeit“ kritisch.[29] Die Errichtung der Bundesrepublik Deutschland durch die „Westmächte“ auf Kosten der Arbeiterschaft lehnte er ab und schrieb:

> „Ich persönlich halte die Errichtung der westdeutschen Bundesrepublik für einen schweren Fehler, d.h. nicht für einen Fehler seitens der Deutschen, sondern seitens der Westmächte.“[30]

Er beklagte eine „Entwicklung zu einer äußerst reaktionären Sozial- und Wirtschaftspolitik“ in der Bundesrepublik Deutschland, was er auf „amerikanischen Willen und britische Schwäche“ zurückführte[31] und beklagte, dass im Grundgesetz kein Grundrecht von Krankenkassen auf Selbstverwaltung aufgenommen wurde.[32] Er begrüßte, dass die SPD nach den ersten Bundestagswahlen 1949 in der Opposition war und erklärte:

> „Wenn Schumacher geschickte operiert, kann er nicht als Oppositionsführer mehr erreichen, als er in einer Koalition erreichen könnte? […] Jedenfalls scheint er den

---

26 *Micha Brumlik*, Kein Weg als Deutscher und Jude. Eine bundesrepublikanische Erfahrung, München 2000, S. 29.

27 Sozialistische Mitteilungen Nr. 108, 1948, S. 5–6.

28 *Däubler*, Kahn-Freund, S. 388.

29 *Ramm*, Kahn-Freund und Deutschland, S. XXXI; *Ladwig-Winters*, Fraenkel, S. 264.

30 Archiv der sozialen Demokratie der Friedrich-Ebert-Stiftung, Nachlass Walter Auerbach, Mappe 40, Kahn-Freund an Walter Auerbach, 2. September 1949.

31 Archiv der sozialen Demokratie der Friedrich-Ebert-Stiftung, Nachlass Walter Auerbach, Mappe 40, Kahn-Freund an Walter Auerbach, 25. September 1949.

32 Archiv der sozialen Demokratie der Friedrich-Ebert-Stiftung, Nachlass Walter Auerbach, Mappe 40, Kahn-Freund an Walter Auerbach, 25. Januar 1949.

Mut zur Opposition zu haben und sich wenigstens in dieser Beziehung von seinen Weimarer Vorgängern zu unterscheiden."[33]

Er ging gleichzeitig auf Distanz zur SPD, der er Nationalismus im Rahmen der politischen Kämpfe gegen die Oder-Neiße-Linie vorwarf.[34] Nicht in Betracht kam es für ihn, sich wieder einer deutschen politischen Partei anzuschließen. Er war Anhänger der Labour Party in England:

„Was Sozialismus ist, hat die Labour Party nie zu definieren versucht. Sie war eine Aktions- und ist eine Aktions-Partei. Die Festlegung auf eine Weltanschauung ist eine Sache, die es in ihr nicht gibt. Infolgedessen ist diese Begeisterung für die Labour Party nicht – ich würde das nicht akzeptieren – eine Begeisterung für eine Partei, die eine pluralistische Doktrin angenommen hat, sondern eine Begeisterung für eine Partei, die überhaupt keine Doktrin besitzt."[35]

Kontakt hielt Kahn-Freund mit dem deutschen Gewerkschaftsbund und wirkte 1963 am dem vom Gewerkschaftsbund organisierten „Europäischen Gespräch" in Recklinghausen mit. Thema des Gesprächs war die „Autonomie der Gewerkschaften in einem integrierten Europa".[36] Wissenschaftler und Praktiker diskutierten seit 1950 anlässlich der Ruhrfestspiele in Recklinghausen über für Gewerkschaften und Gesellschaft bedeutende Themen im „Europäischen Gespräch".[37] 1973 schlug Kahn-Freund eine Einladung der IG Metall aus, auf einer Konferenz einen Vortrag über das soziale Ideal des Bundesarbeitsgerichts zu halten.[38] Der letzte größere öffentliche Auftritt Kahn-Freund in Deutschland unter Juristen war im September 1976 auf dem Juristentag in Stuttgart „auf der letzten Stufe seines Lebens"[39]. Auf dem Juristentag hielt er ein rechtsvergleichendes Einleitungsreferat zu dem Thema „Kodifizierung des Arbeitskampfrechts?".[40]

---

33 Archiv der sozialen Demokratie der Friedrich-Ebert-Stiftung, Nachlass Walter Auerbach, Mappe 40, Kahn-Freund an Walter Auerbach, 25. Januar 1949.

34 Archiv der sozialen Demokratie der Friedrich-Ebert-Stiftung, Nachlass Walter Auerbach, Mappe 40, Kahn-Freund an Walter Auerbach, 2. September 1949.

35 *Kahn-Freund*, Autobiographische Erinnerungen, S. 191.

36 Archiv der sozialen Demokratie der Friedrich-Ebert-Stiftung, Nachlass DGB Bundesvorstand, Bernhard Tacke an Kahn-Freund, 15. Juli 1963.

37 Archiv der sozialen Demokratie der Friedrich-Ebert-Stiftung, Nachlass DGB Bundesvorstand, Bernhard Tacke an Kahn-Freund, 7. Mai 1963.

38 *Däubler*, Kahn-Freund, S. 388.

39 *Kubo*, S. 135.

40 *Otto Kahn-Freund*, Kodifizierung des Arbeitskampfrechts. In: Verhandlungen des 51. Deutschen Juristentags, Bd. 2, Sitzungsberichte, hrsg. von der ständigen Deputation des Deutschen Juristentags, München 1976, S. R6–R21; *Kubo*, S. 135.

In London besuchte Kahn-Freund den Historiker Werner Röder, der an der Ludwig-Maximilians-Universität München promovierte und ein Buch über die „deutschen sozialistischen Exilgruppen in Großbritannien“[41] verfasste. Nach eigenen Aussagen versuchte Kahn-Freund „ihm zu helfen“, „so gut“ er „konnte“. Allerdings erklärte er:

> „Aber ich stand ja nie sehr im Mittelpunkt der Dinge, und vieles ist meinem Gedächtnis entschwunden. [...] Herr Roeder machte einen sehr guten Eindruck auf mich, und wenn er auch nicht viel von mir erfuhr, so war es doch für mich ein Vergnügen, mich mit ihm zu unterhalten.“[42]

II. *„Special Legal Unit for Germany and Austria“ (SLUGA)*

Vor dem Ende des 2. Weltkriegs bereits beriet Kahn-Freund die britische Regierung über das deutsche Justizsystem – insbesondere den Aufbau der Amtsgerichte und Arbeitsgerichtsbarkeit –, um den Justizaufbau und die Verwaltung Deutschlands durch die Alliierten vorzubereiten.[43] Wie die USA setzte Großbritannien beim geplanten Neuaufbau Deutschlands auf das Wissen deutscher Emigranten.[44]

Kahn-Freund war Mitglied der „Special Legal Unit for Germany and Austria“ (SLUGA) zur Reform des deutschen Rechts nach der Befreiung vom Nationalsozialismus. Aufgabe der SLUGA war es, die Aufhebung von Gesetzen in Deutschland und Österreich vorzubereiten, die Menschen wegen ihrer politischen Einstellung und religiösen Herkunft diskriminierten.[45] Für die SLUGA erstellte Kahn-Freund ein Rechtsgutachten über das das Reichserbhofgesetz vom 29. September 1933,[46] das ordnungspolitisch massiv in die Agrarpolitik eingriff,[47] dem nationalsozialistischen „Sippengedanken“ folgte und Kern eines völkischen Privatrechts war.[48] Dass der Erblasser nach dem Reichserb-

---

41 *Röder*, Exilgruppen.

42 Archiv der sozialen Demokratie der Friedrich-Ebert-Stiftung, Nachlass Walter Auerbach, Mappe 347, Kahn-Freund an Walter Auerbach, 23. Dezember 1965.

43 *Jabs*, S. 36.

44 *Jabs*, S. 36.

45 *Matthias Etzel*, Die Aufhebung von nationalsozialistischen Gesetzen durch den Alliierten Kontrollrat (1945–1948) (Beiträge zur Rechtsgeschichte des 20. Jahrhunderts, Bd. 7), Tübingen 1992, S. 20–24.

46 RGBl. 1933 I, S. 685.

47 *Birgit Fastenmayer*, Hofübergabe und Altersversorgung. Generationenwechsel in der Landwirtschaft 1870 bis 1957 (Studien zur europäischen Rechtsgeschichte, Bd. 246), Frankfurt am Main 2009, S. 139; *Ludyga*, Oberlandesgericht, S. 246.

48 RGBl. 1933 I, S. 685. Die Erbfolge gliederte sich nach einem Anerbenrecht im Reichserbhofgesetz in sechs Ordnungen (Söhne des Erblassers; Vater des Erblassers;

hofgesetz von 1933 „die Erbfolge kraft Anerbenrechts durch Verfügung von Todes wegen nicht ausschließen oder beschränken“ konnte,[49] was für Kahn-Freund ein „Ausfluß der Blut- und Bodenideologie“. Unvereinbar waren für ihn diese Bestimmungen mit dem Grundsatz der Gleichheit der „Weimarer Reichsverfassung“.[50] Wegen der desolaten Nahrungssituation in Deutschland nach 1945 warnte Kahn-Freund vor einer vollständigen Aufhebung des Reichserbhofgesetzes.[51]

---

die Brüder des Erblassers; Töchter des Erblassers; Schwestern des Erblassers; an die Stelle einer verstorbenen Schwester treten deren Söhne und Sohnessöhne; weibliche Abkömmlinge des Erblassers). Mit diesen Regelungen ersetzten die Nationalsozialisten die erbrechtliche Gesamtrechtsnachfolge des Bürgerlichen Gesetzbuchs durch den nationalsozialistischen Sippengedanken. *Ludyga*, Oberlandesgericht, S. 247.

49 RGBl. 1933 I, S. 688.

50 *Etzel*, S. 114.

51 *Etzel*, S. 114.

E) Das Wirken in Großbritannien

I. Professor in England

Kahn-Freund wurde 1947 „assistant leadership" an der LSE,[1] seit 1951 war er Professor an der LSE, zwischen 1964 und 1971 Professor an der Universität in Oxford – dem Mittelpunkt des akademischen Lebens in England – für Rechtsvergleichung.[2] Neben den deutschsprachigen Emigranten Ernst J. Kohn (1904–1976), Friedrich Darmstaedter (1883–1957), David Daube (1909–1999), Friedmann, Emil Goldmann (1872–1942), Max Grünhut (1893–1964), Hermann Kantorowicz (1877–1940), Gerhard Leibholz (1901–1982), Kurt Lipstein (1909–2006), Frederik Alexander Mann (1907–1991), Hermann Mannheim (1889–1974), Albrecht Mendelssohn-Bartholdy (1874–1936), Fritz Pringsheim (1882–1967), Clive Schmitthoff (1903–1990) und Georg Schwarzenberger (1908–1991) war er einer von wenigen geflohenen Rechtswissenschaftlern, die in England – häufig durch die die Unterstützung der „Notgemeinschaft deutscher Wissenschaftler im Ausland", die seit 1936 ihren Sitz in London hatte – lehrten.[3] Auf Wiedergutmachung durch den deutschen Staat für seinen Schaden im beruflichen Fortkommen verzichtete er in England mit den Worten:

> „Ich bin einer der nicht sehr zahlreichen Emigranten, denen nach verhältnismäßig kurzer Zeit gelang, eine Anstellung zu finden. Ich wurde bereits im Frühjahr 1936 zum 'Assistant Lecturer' an der London School of Economics ernannt, und wenn mein Gehalt in den ersten paar Jahren auch bescheiden war, so habe ich doch nicht das Gefühl, dass ich moralisch berechtigt bin wegen Schädigung an meinem beruflichem Fortkommen Kompensation zu beanspruchen, über die Pension hinaus, die ich beziehe und die mir rückwirkend bis 1950 ausgezahlt wurde. Ich glaube, dass ich wahrscheinlich juristisch berechtigt wäre, aber mit Rücksicht auf meine, verglichen mit fast allen anderen Emigranten, relativ günstige Lage beabsichtige ich nicht, den Anspruch zu erheben."[4]

---

1 *Kahn-Freund*, Autobiographische Erinnerungen, S. 184.

2 *Jabs*, S. 85; *Kahn-Freund*, Autobiographische Erinnerungen, S. 184; *Bergemann / Ladwig-Winters*, S. 219.

3 *Jabs*, S. 39–41.

4 Hessisches Hauptstaatsarchiv, Wiesbaden Abt. 518, Nr. 18695, Mitteilung von Otto Kahn Freund, abgedruckt in einem Schreiben von Max Cahn an den Herrn Regierungspräsidenten – Entschädigungsbehörde, 16. Juni 1959.

Kahn-Freund blieb in England dem „Arbeitsrecht treu".[5] In Oxford führte er Arbeitsrecht als Studienfach ein.[6] Er setzte die „arbeitsrechtliche Tradition" Sinzheimers fort[7] und vereinigte „deutsche und britische Arbeitsrechtstraditionen".[8] Kahn-Freund war der erste englische Jurist, der sich aus wissenschaftlicher Perspektive näher mit dem kollektiven Arbeitsrecht in England beschäftigte.[9] Englische Juristen setzten sich ansonsten in ihrer Mehrzahl vom Ende des 1. Weltkriegs bis zum Beginn der Regierung Margaret Thatscher (1925–2013) nur wenig mit dem kollektiven Arbeitsrecht auseinander.[10] Erst mit den „Contracts of Employment" von 1972, dem „Equal Pay Act" von 1970 und „Industrial and Relations Act" von 1971, der 1974 nach politischen Veränderung wieder beseitigt wurde,[11] wurden in England umfangreichere Gesetze auf dem Gebiet des Arbeitsrechts erlassen.[12] Bis vor der gesetzlichen Regelung des Arbeitsrechts in England ging Kahn-Freund davon aus, dass die Regelung des englischen Arbeitsrechts „außerrechtlicher Natur" sei und die Arbeitsbeziehungen auf „custom and practice" beruhten.[13]

Kahn-Freund verfasste 1954 den Aufsatz „Legal framework"[14], in dem er das Verhältnis von Arbeitgebern und Gewerkschaften in England analysierte.[15]

---

5 *Rottleuthner*, S. 210.

6 *Jabs*, S. 85; *Kahn-Freund*, Autobiographische Erinnerungen, S. 184; *Bergemann / Ladwig-Winters*, S. 219.

7 *Rottleuthner*, S. 210.

8 *Adolf Birke*, Die englische Krankheit. Tarifautonomie als Verfassungsproblem in Geschichte und Gegenwart In: Vierteljahrshefte für Zeitgeschichte 30 (1982), S. 621–645, hier S. 640 Anm. 64.

9 *Däubler*, Kahn-Freund, S. 386; *Jabs*, S. 89. Siehe: *Ursula Maria Kulbe*, Kollektivrechtliche Vereinbarungen im englischen Arbeitsrecht, Köln 1986.

10 *Willibald Steinmetz*, Begegnungen vor Gericht. Eine Sozial- und Kulturgeschichte des englischen Arbeitsrechts (1850–1925) (Veröffentlichungen des deutschen historischen Instituts London, Bd. 51), München 2002, S. 11.

11 Industrial Relations Act, 1971; Trade Union and Labour Relations Act, 1974; *Otto Kahn-Freund*, Das britische Gesetz über Arbeitsbeziehungen von 1970. Eine kritische Würdigung. In: Werner Flume / Peter Raisch / Ernst Steinsdorff, (Hrsg.), Beiträge zum Zivil- und Wirtschaftsrecht. Festschrift für Kurt Ballerstedt zum 70. Geburtstag am 24. Dezember 1975, Berlin 1975, S. 51–70; *Ninon Colneric*, Der Industrial Relations Act 1971. Ein Beispiel ineffektiver Gesetzgebung aus dem Bereich des kollektiven Arbeitsrechts (Abhandlungen zur rechtswissenschaftlichen Grundlagenforschung, Bd. 36), Ebelsbach 1979; *Jabs*, S. 90.

12 *Jabs*, S. 87, 89.

13 *Jabs*, S. 90.

14 *Otto Kahn-Freund*, Legal framework. In: the system of industrial in Great Britain (1954), S. 42–127.

15 *Jabs*, S. 89.

Sein bedeutendste Werk nach 1945 war die Untersuchung „Labour and the Law“ von 1972.[16] 1979 erschien diese Schrift von Mestitz ins Deutsche übersetzt unter dem Titel „Arbeit und Recht“.[17] Sie befasste sich mit dem Tarifvertragsrecht, Arbeitskampfrecht und der Stellung der Gewerkschaften aus dogmengeschichtlicher und rechtsdogmatischer Perspektive.[18]

Kahn-Freund besaß für das englische Arbeitsrecht die Bedeutung, die die deutschen Emigranten Martin Wolff (1872–1953)[19] für das englische und Ernst Rabel (1874–1955)[20] für das amerikanische internationale Privatrecht gewannen.[21] Seine Literaturmeinungen fanden Eingang in die britische, deutsche und sogar neuseeländische Rechtsprechung.[22] Noch in den 1990er Jahren zählten seine Untersuchungen zu den Standardwerken im rechtswissenschaftlichen Studium im Arbeitsrecht an englischen Universitäten.[23] Für seine Verdienste für das britische Arbeitsrecht wurde Kahn-Freund 1976 von der englischen Königin in den Adelsstand erhoben.[24]

Bei seinen Arbeiten zum englischen Arbeitsrecht wählte Kahn-Freund immer wieder einen rechtshistorischen Ansatz.[25] Arbeitsrecht, Rechtsvergleichung[26] und Rechtsgeschichte waren für ihn untrennbar miteinander verbunden. Auch

---

16 *Otto Kahn-Freund*, Labour and the Law (The Hamlyn Lectures, 24), London 1972.

17 *Otto Kahn-Freund*, Arbeit und Recht. Aus dem Englischen übersetzt von Franz Mestitz (Schriftenreihe der Otto-Brenner Stiftung, Bd. XXXI), Köln/Frankfurt 1979.

18 Ebd., passim.

19 *Dieter Medicus*, Martin Wolff (1872–1952). Ein Meister an Klarheit. In: Heinrichs / Franzki / Schmalz / Stolleis (Hrsg.), Deutsche Juristen jüdischer Herkunft, S. 543–553.

20 *Sibylle Hofer*, Rabel, Ernst. In: Neue Deutsche Biographie, Bd. 21, Berlin 2003, S. 64–65; *Gerhard Kegel*, Ernst Rabel. In: Lutter / Stiefel / Hoeflich (Hrsg.), Der Einfluß deutscher Emigranten auf die Rechtsentwicklung in den USA und in Deutschland, S. 277–279; *Bernhard Geroßfeld / Peter Winship*, Der Rechtsgelehrte in der Fremde. In: Lutter / Stiefel / Hoeflich (Hrsg.), Der Einfluß deutscher Emigranten auf die Rechtsentwicklung in den USA und in Deutschland, S. 183–200.

21 *Gamillscheg*, Kahn-Freund, S. 283.

22 *Jabs*, S. 88–89.

23 *Jabs*, S. 89.

24 *Paul Arnsberg*, Die Geschichte der Frankfurter Juden seit der Französischen Revolution, Bd. 3, Darmstadt 1983, S. 235; *Bergemann / Ladwig-Winters*, S. 219; *Jabs*, S. 86.

25 *Kahn-Freund*, Funktionswandel des Arbeitsrechts, S. 211–246; *Kahn-Freund*, Sozialwandel und Strukturwandel, S. 17–38; *Jabs*, S. 87.

26 *Otto Kahn-Freund*, Vorwort. In: Folke Schmidt, Das kollektive Arbeitsrecht Schwedens (Arbeits- und Sozialrechtliche Studien, Heft 10), Stuttgart 1968, S. V–VI.

aufgrund seiner eigenen Biographie wurde er zu einem Rechtsvergleicher.[27] Er schrieb:

> „Wenn sich jemandes Umwelt im Laufe seines Lebens niemals ändert, neigt er dazu, eine Institution, eine Lehre, eine Übung, eine Tradition als notwendig und universal anzusehen, während sie in Wahrheit vielleicht das Resultat spezifischer gesellschaftlicher, historischer und geographischer Bedingungen sind, in denen er aufgewachsen ist und lebt."[28]

Kahn-Freund nannte drei Kernaufgaben der Rechtsvergleichung: Lehre, Wissenschaft und Mitwirkung bei der Ausarbeitung neuer Gesetze.[29] Die Rechtsvergleichung diente ihm zufolge einem besseren Verständnis des eigenen Rechts und der Vorbereitung von Rechtsbeziehungen zwischen Staaten.[30] Eine Voraussetzung der Übertragung von Rechtsideen aus dem eine in das andere Land war für ihn eine vergleichbare politische und soziale Situation in den jeweiligen Staaten.[31] Er sah Probleme, familien- und arbeitsrechtliche Normen für die Rechtsvergleichung fruchtbar zu machen.[32]

Im Familienrecht übte Kahn-Freund einen nachhaltigen Einfluss auf die Ausgestaltung des Ehevermögensrechts in England aus.[33] Er versuchte zu zeigen, dass rechtliche Entwicklungen in einem Staat durch die Rechtsprechung und in einem anderen Staat durch die Gesetzgebung zu fast identischen Ergebnissen führten. Er verglich die Reformen des Eherechts in Deutschland und England seit den 1950er Jahren. In England trieb die Rechtsprechung die Reformen voran und in Deutschland der Gesetzgeber, was 1957 zur Einführung der Zugewinngemeinschaft in Deutschland führte.[34] Kahn-Freund betonte die „besondere Stellung der richterlichen Autorität" in England.[35]

Im internationalen Privatrecht wirkte Kahn-Freund an dem Werk *„Dicey's Conflict of Laws"*, das Lipstein herausgab, in der sechsten bis achten Auflage

27 *Jabs*, S. 92.

28 *Otto Kahn-Freund*, Unmittelbare Demokratie. *Ders.*, Arbeitsbeziehungen. Erbe und Anpassung. Vorträge, gehalten in der Britischen Akademie am 27. und 30. November und am 4. Dezember 1978. Mit einer Einleitung versehen und aus dem Englischen übersetzt von Franz Mestiz, Baden-Baden 1981, S. 15–39, hier S. 16.

29 *Jabs*, S. 94.

30 *Kahn-Freund*, Comperative Law as an Academic Subject, S. 92; *Jabs*, S. 92.

31 *Jabs*, S. 94.

32 *William R. Cornish*, Arbeitnehmerfinderrecht im Vereinigten Königreich. In: GRUR Int. 1990, S. 339–342, hier S. 339.

33 *Jabs*, S. 93.

34 *Jabs*, S. 92–93.

35 *Kahn-Freund*, Comperative Law as an Academic Subject, S. 279; *Jabs*, S. 92.

mit.[36] Er war Herausgeber des Bandes zum Arbeitsrecht der „International Encyclopedia of Comperative Law“.[37] Für englische Studenten schrieb er ein Lehrbuch zum französischen Recht.[38] Den deutschen Leser unterrichtete er im englischen Familienrecht.[39]

Die internationale Anerkennung Kahn-Freunds zeigte sich an der ihm gewidmeten und von Gamillscheg, Jean de Givry, Bopp Hepple und Jean-Maurice Verdier herausgegebenen Gedächtnisschrift, an der 51 Autoren aus 22 Ländern mitschrieben. Aus Deutschland wirkten Rolf Birk von der Universität Augsburg, Däubler, Gamillscheg, der Ministerialdirektor im Bundesministerium für Arbeit Wilhelm Herschel (1895–1986), Ramm, der Regierungsrat am Bundessozialgericht Richard Pfaff, Reinhard Richardi von der Universität Regensburg, der Präsident des Bundessozialgerichts Georg Wanngat, Herbert Wiedemann von der Universität zu Köln, Peter Hanau von der Universität zu Köln und der Präsident des Bundesarbeitsgerichts Gerhard Müller mit.[40] Kahn-Freunds Studienfreund Lehmann – 1934 in die USA emigriert[41] – verfasste einen Beitrag über „The Union'Duty of Fair Representation“.[42]

Kahn-Freund plädierte für den Beitritt Großbritanniens zur Europäischen Gemeinschaft[43] und überwachte im Sachverständigenrat der Internationalen Arbeitsorganisation (ILO) die Beachtung der Europäischen Sozialcharta des Europarats.[44] Er war Präsident der „Internationalen Gesellschaft für das Recht der Arbeit und der sozialen Sicherheit“ und seit 1966 deren Ehrenvorsitzender.[45]

---

36 *Kurt Lipstein*, Dicey's Conflict of Laws, 1948–1967; *Jabs*, S. 85.

37 *Otto Kahn-Freund*, International Encyclopedia of Comperative Law, Tübingen 2014 (Neudruck); *Jabs*, S. 86.

38 *Otto Kahn-Freund*, A Sourcebook on French law, Oxford 1973; *Jabs*, S. 86.

39 *Otto Kahn-Freund*, Englische Gesetzgebung auf dem Gebiet des Familienrechts. In: Rabels Zeitschrift für ausländisches und internationales Privatrecht 28 (1964), S. 318–326; *Ders*., Wandlungen des englischen Familienrechts seit 1945. In: Rabels Zeitschrift für ausländisches und internationales Privatrecht 28 (1964), S. 232–262.

40 *Franz Gamillscheg / Jean de Givry / Bopp Hepple / Jean-Maurice Verdier*, In memoriam Sir Otto Kahn-Freund; *Husemann*, S. 213.

41 *Bergemann*, Lehmann, S. 188.

42 *Hans J. Lehmann*, The Union'Duty of Fair Representation. In: Franz Gamillscheg / Jean de Givry / Bopp Hepple / Jean-Maurice Verdier, In memoriam Sir Otto Kahn-Freund, S. 151–171.

43 *Ramm*, Kahn-Freund und Deutschland, S. XXXI.

44 *Jabs*, S. 86.

45 *Gamillscheg*, Kahn-Freund, S. 283; *Jabs*, S. 86.

Ehrendoktor wurde Kahn-Freund an den Universitäten Brüssel, Cambridge, Leicester, Leuven, Paris, Stockholm, York/Ontario und Bonn.[46] Die Bonner Ehrendoktorwürde verlieh ihm die Rechts- und Staatswissenschaftliche Fakultät im Rahmen der Feierlichkeiten zum 150-jährigen Bestehen der Rheinischen Friedrich-Wilhelms-Universität 1968.[47] Kahn-Freund hielt anlässlich der Verleihung dieser Ehrendoktorwürde einen Vortrag über „Parallelen und Gegensätze im englischen und amerikanischen Privatrecht", in dem er die Bedeutung des „Willens zu internationaler Zusammenarbeit und der Einsicht in ihre Notwendigkeit" betonte.[48] Die Ehrendoktorwürde an der Universität Gießen lehnte er ab,[49] da sich der juristische Fachbereich in Gießen nach seinen Worten als „Gegenmodell zur konservativen Wissenschaft verstand". Kahn-Freund distanzierte sich in England aufgrund des „selbst Erlebten"[50] von Theorien, die „die Welt verändern wollen".[51]

II. Donovan Commission

In seiner Oxforder Zeit wurde Kahn-Freund in die von der Labour-Regierung eingesetzte[52] „Königliche Kommission zur Erforschung der Gewerkschaften und Arbeitgeberverbände" unter dem Vorsitz von Lord Donovan (1898–1971) berufen.[53] Diese „Donovan Commission" kam zwischen 1965 und 1968 unter dem Vorsitz von Lord Donovan zusammen und bereitete eine Gesetzgebung auf dem Gebiet des Arbeitsrechts vor.[54] Die Kommission beklagte die mangelnde rechtliche Wirkung von Tarifabkommen und die darauf beruhende fehlende Überprüfbarkeit von Tarifverträgen vor Gerichten. Kahn-Freund übte auf den Abschlussbericht der Kommission nachhaltig Einfluss aus.[55]

---

46 *Jabs*, S. 86, Fn. 370; *Ramm*, Kahn-Freund, S. 166.

47 *O.V.*, Bonner Ehrendoktorwürde für Professor Dr. Otto Kahn-Freund, S. 376–377.

48 *Otto Kahn-Freund*, Parallelen und Gegensätze im englischen und amerikanischen Privatrecht, Bonn 1970, S. 5.

49 *Ramm*, Kahn-Freund und Deutschland, S. XXXI.

50 *Kahn-Freund*, Sinzheimer, S. 2.

51 *Däubler*, Kahn-Freund, S. 387–388.

52 *André Kaiser*, Staatshandeln ohne Staatsverständnis. Die Entwicklung des Politikfeldes Arbeitsbeziehungen in Großbritannien 1865–1990 (Arbeitskreis Deutsche England-Forschung, Veröffentlichung 26), Bochum 1995, S. 189.

53 Archiv der sozialen Demokratie der Friedrich-Ebert-Stiftung, Nachlass Walter Auerbach, Mappe 347, Kahn-Freund an Walter Auerbach, 23.12.1965; *Gamillscheg*, Kahn-Freund, S. 283.

54 *Jabs*, S. 89.

55 *Jabs*, S. 90.

F) Schluss

Der in Frankfurt am Main geborene Kahn-Freund war einer der bedeutendsten Arbeitsrechtler im Europa des 20. Jahrhunderts. Nach Kindheit und Jugend in Frankfurt am Main, Teilnahme am 1. Weltkrieg und dem Studium der Rechtswissenschaften in Heidelberg, Leipzig und Frankfurt am Main war er Vorsitzender Richter am Arbeitsgericht Berlin. Er war Schüler Sinzheimers und leistete einen entscheidenden Beitrag zur Ausdifferenzierung des Arbeitsrechts in der Weimarer Republik aus sozialdemokratischer Perspektive. Er war Teil einer „linksbürgerlichen Kultur",[1] erhielt seine entscheidende Prägung durch die sozialdemokratische Arbeiterbewegung und war einer der bedeutendsten juristischen Vertreter der sozialdemokratischen Arbeiterbewegung in der Weimarer Zeit.[2] Im „Gedenkbuch der deutschen Sozialdemokratie im 20. Jahrhundert" existiert allerdings kein Artikel über ihn. Kahn-Freund geriet in der SPD, deren Mitglied er war, in Vergessenheit.[3]

Bereits in jungen Jahren war Kahn-Freund neben seiner praktischen Tätigkeit als Richter in Berlin wissenschaftlich produktiv. Sein Hauptwerk in der Weimarer Zeit war neben seiner Promotion über den „Umfang der normativen Wirkung des Tarifvertrags und der Wiedereinstellungsklausel" die Schrift über das „soziale Ideal des Reichsarbeitsgerichts", die bis heute kontrovers beurteilt wird.

Die Machtübernahme der Nationalsozialisten bedeutete für Kahn-Freund die entscheidende Zäsur in seinem Leben. Kahn-Freund, der von den Nationalsozialisten aufgrund des „Gesetzes zur Wiederherstellung des Berufsbeamtentums" als Jude und Sozialdemokrat aus dem Dienst entfernt wurde, floh 1933 mit seiner Ehefrau Elisabeth nach England, wo er nach dem 2. Weltkrieg blieb. Er wurde in Deutschland ausgebürgert und die Doktorwürde wurde ihm entzogen. Er nahm die britische Staatsangehörigkeit an. Zwar reiste er immer wieder nach Deutschland, aktiv beteiligte er sich nach 1945 an einem Wiederaufbau Deutschlands aber nicht. Im Exil war er während des 2. Weltkriegs im Widerstand gegen den Nationalsozialisten tätig. Er war einer der Hauptakteure des „Senders der europäischen Revolution".

---

1 Zu dem Begriff: *Rasehorn*, passim.

2 *Perels*, Rechtstheorie, S. 199.

3 Der Freiheit verpflichtet. Gedenkbuch der deutschen Sozialdemokratie im 20. Jahrhundert, hrsg. vom Vorstand der Sozialdemokratischen Partei Deutschlands, Marburg 2000.

Kahn-Freund machte als einer der wenigen deutschen Rechtswissenschaftler im Exil eine spektakuläre wissenschaftliche Karriere. Er wurde Professor für Rechtsvergleichung an der LSE. Sein Forschungsschwerpunkt nach 1945 war das kollektive Arbeitsrecht in rechtsvergleichender Perspektive.[4] Zahlreiche seiner Studenten beeinflusste Kahn-Freund für ihr gesamtes Leben. Er bemerkte zu seinem Wirken und seinen Vorlesungen in England:

> „Die intellektuelle Erfahrung, die sich in [...] Vorlesungen niederschlägt, ist die eines Mannes, der, schon erwachsen, 1933 als Flüchtling aus Deutschland nach Großbritannien gekommen ist. Auf diese Weise in diesem Land ein neues Leben beginnen zu müssen, hat große Nachteile, aber auch große Vorteile. Die Nachteile liegen auf der Hand: der Einwanderer teilt mit seinen 'eingeborenen Freunden' nicht jene Kindheits- und Jugenderfahrungen, die nichts im späteren Leben zu ersetzen vermag. Jeder denkende Flüchtling muß einmal den Sinn der Diltheyschen Unterscheidung zwischen 'begreifen' und 'verstehen', zwischen intellektueller Einsicht und persönlichem Nachfühlen im Sinne eines Nacherlebens empfunden haben. Die Unfähigkeit, als selbstverständlich anzunehmen, was den anderen von selbst und ohne bewußte Reflexion in der Traumwelt der Kindheit und im Erwachen der Jugend zuströmt – diese Unfähigkeit mag ein Fluch sein. Gleichzeitig ist sie aber ein großer Segen. Wenn sich jemandes Umwelt im Laufe seines Lebens niemals geändert, neigt er dazu, eine Institution, eine Lehre, eine Übung, eine Tradition als notwendig und universal anzusehen, während sie in Wahrheit das Resultat spezifischer gesellschaftlicher, historischer oder geographischer Bedingungen sind, in denen er aufgewachsen ist und lebt. Ein Einwanderer wird sich weniger leicht in dieser intellektuellen Falle fangen. Wenn er nicht hoffnungslos stumpf ist, wird er zwangsläufig rasch zu unterscheiden lernen zwischen dem, was der Natur der Institution, Bräuche und Lehren des Landes, das er verlassen hat, weseneigen und was nur geograpisch und historisch zufällig ist."[5]

---

4 *Jabs*, S. 85.

5 *Kahn-Freund*, Unmittelbare Demokratie, S. 15–16.

Anhang

Literatur- und Quellenverzeichnis

I. Quellen

Archiv der sozialen Demokratie der Friedrich-Ebert-Stiftung, Bonn, Nachlässe: Walter Auerbach, Werner Hansen, Kurt Mattick, Nachlässe Minna Sprecht, IJB/ISK, DGB Bundesvorstand.

Hessisches Hauptstaatsarchiv, Wiesbaden Abt. 518, Nr. 18695: Entschädigungsakt Otto Kahn-Freund.

Leo Baeck Institute. Center of Jewish History: Start of Georg Flatow Familiy Collection AR 4901.

Staatsbibliothek zu Berlin – Preußischer Kulturbesitz, Nachl.488_Mohr-Siebeck.

Universitätsarchiv der Johann Wolfgang Goethe-Universität Frankfurt am Main.

II. Literatur

ADAM, Uwe Dietrich: Judenpolitik im Dritten Reich, Düsseldorf 2003.

ALBRECHT, Klaus L.: Hugo Sinzheimer in der Weimarer Nationalversammlung. Sein Beitrag zum wirtschaftlichen Rätesystem und zu den arbeits- und wirtschaftsrechtlichen Grundrechten der Reichsverfassung, Frankfurt am Main 1970.

ANGERMUND, Ralph: Deutsche Richterschaft 1919–1945. Krisenerfahrung, Illusion, politische Rechtsprechung, Frankfurt am Main 1990.

ANTHES, Hans-Georg: Das soziale Ideal des Reichsarbeitsgerichts. In: Der Arbeitgeber 1931, S. 524–526, 557–558.

ANTHES, Hans-Georg: Kündigungsschutz, München 1934.

ANTRICK, Otto: Die Akademie der Arbeit in der Universität Frankfurt am Main, Darmstadt 1966.

ARNSBERG, Paul: Die Geschichte der Frankfurter Juden seit der Französischen Revolution, Bd. 3, Darmstadt 1983.

B.A.H., Sir Otto Kahn-Freund (1900–1979), Industrial Law Journal 193 (1979), S. 193–196.

BABENDREYER, Ellen: Walter Auerbach. Sozialpolitik aus dem Exil, Duisburg/Essen 2007.

BARKAI, Avraham: Etappen der Ausgrenzung und Verfolgung bis 1939. In: Ders. / Paul Mendes-Flohr, Deutsch-jüdische Geschichte in der Neuzeit, Bd. 4, Aufbruch und Zerstörung 1918–1945, München 2000, S. 193–224.

BATTENBERG, Friedrich: Das europäische Zeitalter der Juden. Zur Entwicklung einer Minderheit in der nichtjüdischen Umwelt Europas, Bd. 2, Von 1650 bis 1945, Darmstadt, 2. Auflage 2000.

BAUER, Kurt: Nationalsozialismus. Ursprünge, Anfänge, Aufstieg und Fall, Wien/Köln/Weimar 2008.

Bavaj, Riccardo: Otto Kirchheimers Parlamentarismuskritik in der Weimarer Republik. In: Vierteljahrshefte für Zeitgeschichte 55 (2007), S. 33–51.

Beatson, Jack / Zimmermann, Reinhard: Jurists Uprooted: German-speaking Emigré Lawyers in Twentieth-century Britain, Oxford 2004.

Becker, Martin: Arbeitsvertrag und Arbeitsverhältnis während der Weimarer Republik und in der Zeit des Nationalsozialismus (Juristische Abhandlungen, Bd. 44), Frankfurt am Main 2005.

Behring, Rainer: Demokratische Außenpolitik für Deutschland. Die außenpolitischen Vorstellungen deutscher Sozialdemokraten im Exil (Beiträge zur Geschichte des Parlamentarismus und der politischen Parteien, Bd. 117), Düsseldorf 1999.

Beier, Gerhard: Fritz Tarnow. Arzt am Krankenhausbette des Kapitalismus. In: Ders., Schulter an Schulter, Schritt für Schritt. Lebensläufe deutscher Gewerkschafter, Köln 1983, S. 197–202.

Beier, Gerhard: Hans Gottfurcht. Arbeiterdiplomat aus der Angestelltenbewegung. In: Ders., Schulter an Schulter, Schritt für Schritt. Lebensläufe deutscher Gewerkschafter, Köln 1983, S. 73–78.

Bendix, Reinhard: Von Berlin nach Berkley. Deutsch-jüdische Identitäten, Frankfurt am Main 1985, S. 152.

Benöhr, Hans-Peter: Hugo Sinzheimer (1875–1945). In: Bernhard Diestelkamp / Michael Stolleis (Hrsg.), Juristen an der Universität Frankfurt am Main, Baden-Baden 1989, S. 67–83.

Benöhr, Hans-Peter: Der Beitrag deutsch-jüdischer Juristen zum Arbeits- und Sozialrecht. In: Zeitschrift für Religions- und Geistesgeschichte 48 (1996), S. 313–337.

Benz, Wolfgang: Der Holocaust, München, 6. Auflage 2005.

Berding, Helmut: Moderner Antisemitismus in Deutschland, Frankfurt am Main 1988.

Bergemann, Hans / Ladwig-Winters, Simone: Richter und Staatsanwälte jüdischer Herkunft in Preußen im Nationalsozialismus. Eine rechtstatsächliche Untersuchung, Köln 2004.

Bergemann, Hans: Arthur Sello. In: Ders. / Berliner Förder- und Freundeskreis Arbeitsrecht (Hrsg.), Jüdische Richter in der Berliner Arbeitsgerichtsbarkeit 1933, Berlin 2013, S. 98–100.

Bergemann, Hans: Berthold Auerbach. In: Ders. / Berliner Förder- und Freundeskreis Arbeitsrecht (Hrsg.), Jüdische Richter in der Berliner Arbeitsgerichtsbarkeit 1933, Berlin 2013, S. 68–71.

Bergemann, Hans: Dr. jur. Ernst Aschner. In: Ders. / Berliner Förder- und Freundeskreis Arbeitsrecht (Hrsg.), Jüdische Richter in der Berliner Arbeitsgerichtsbarkeit 1933, Berlin 2013, S. 65–68.

Bergemann, Hans: Dr. jur. Friedrich Oppler. In: Ders. / Berliner Förder- und Freundeskreis Arbeitsrecht (Hrsg.), Jüdische Richter in der Berliner Arbeitsgerichtsbarkeit 1933, Berlin 2013, S. 91–94.

BERGEMANN, Hans: Dr. jur. Kurt Kronheim. In: Ders. / Berliner Förder- und Freundeskreis Arbeitsrecht (Hrsg.), Jüdische Richter in der Berliner Arbeitsgerichtsbarkeit 1933, Berlin 2013, S. 82–84.

BERGEMANN, Hans: Dr. jur. Martin Landsberger. In: Ders. / Berliner Förder- und Freundeskreis Arbeitsrecht (Hrsg.), Jüdische Richter in der Berliner Arbeitsgerichtsbarkeit 1933, Berlin 2013, S. 84–86.

BERGEMANN, Hans: Dr. jur. Martin Matzdorf. In: Ders. / Berliner Förder- und Freundeskreis Arbeitsrecht (Hrsg.), Jüdische Richter in der Berliner Arbeitsgerichtsbarkeit 1933, Berlin 2013, S. 89–91.

BERGEMANN, Hans: Ernst Ruben. In: Ders. / Berliner Förder- und Freundeskreis Arbeitsrecht (Hrsg.), Jüdische Richter in der Berliner Arbeitsgerichtsbarkeit 1933, Berlin 2013, S. 94–97.

BERGEMANN, Hans: Fritz Herrmann. In: Ders. / Berliner Förder- und Freundeskreis Arbeitsrecht (Hrsg.), Jüdische Richter in der Berliner Arbeitsgerichtsbarkeit 1933, Berlin 2013, S. 77–79.

BERGEMANN, Hans: Hans Lehmann. In: Ders. / Berliner Förder- und Freundeskreis Arbeitsrecht (Hrsg.), Jüdische Richter in der Berliner Arbeitsgerichtsbarkeit 1933, Berlin 2013, S. 86–89.

BERGEMANN, Hans: Kurt Tuchler. In: Ders. / Berliner Förder- und Freundeskreis Arbeitsrecht (Hrsg.), Jüdische Richter in der Berliner Arbeitsgerichtsbarkeit 1933, Berlin 2013, S. 101–105.

BERGEMANN, Hans: Prof. Dr. jur. Ernst Heinitz. In: Ders. / Berliner Förder- und Freundeskreis Arbeitsrecht (Hrsg.), Jüdische Richter in der Berliner Arbeitsgerichtsbarkeit 1933, Berlin 2013, S. 74–77.

BERGEMANN, Hans: Prof. Dr. jur. Otto Kahn-Freund. In: Ders. / Berliner Freundes- und Förderkreis Arbeitsrecht (Hrsg.), Jüdische Richter in der Berliner Arbeitsgerichtsbarkeit 1933, Berlin 2013, S. 79–82.

BERGEMANN, Hans: Prof. Dr. jur. Wolfgang Gaston Friedmann. In: Ders. / Berliner Förder- und Freundeskreis Arbeitsrecht (Hrsg.), Jüdische Richter in der Berliner Arbeitsgerichtsbarkeit 1933, Berlin 2013, S. 71–73.

BIOGRAPHISCHES HANDBUCH DER DEUTSCHSPRACHIGEN EMIGRATION NACH 1933: Bd. 1, Politik, Wirtschaft, öffentliches Leben, bearb. von Werner Röder / Herbert A. Strauss, London/Paris 1980.

BIRKE, Adolf: Die englische Krankheit. Tarifautonomie als Verfassungsproblem in Geschichte und Gegenwart. In: Vierteljahrshefte für Zeitgeschichte 30 (1982), S. 621–645.

BLANKE, Sandro: Soziales Recht oder kollektive Privatautonomie? (Beiträge zur Rechtsgeschichte des 20. Jahrhunderts, Bd. 46), Tübingen 2005.

BLANKE, Sandro: Sinzheimer, Hugo Daniel. In: Neue Deutsche Biographie, Bd. 24, Berlin 2010, S. 474–475.

BLEEK, Wilhelm: Geschichte der Politikwissenschaft in Deutschland, München 2001.

BORINSKI, Fritz: Die Geschichte von G.E.R. In: Die Sammlung 3 (1948), S. 49–55.

Borinski, Fritz: German Educational Reconstruction. In: Helmut Becker / Willi Eichler / Gustav Heckmann (Hrsg.), Erziehung und Politik. Minna Specht zu ihrem 80. Geburtstag, Frankfurt am Main 1960, S. 77–89.

Bossle, Lothar (Hrsg.): Eugen Rosenstock-Huessy. Denker und Gestalter, Würzburg 1989.

Breunung, Leonie / Walther, Manfred: Die Emigration deutschsprachiger Rechtswissenschaftler ab 1933. Ein bio-bibliographisches Handbuch, Bd. 1, Westeuropäische Staaten, Türkei, Palästina/Israel, lateinamerikanische Staaten, Südafrikanische Union, Berlin 2012.

Brumlik, Micha: Kein Weg als Deutscher und Jude. Eine bundesrepublikanische Erfahrung, München 2000.

Brunner, Detlev: Bürokratie und Politik des Allgemeinen Deutschen Gewerkschaftsbundes 1918/19 bis 1933 (Schriftenreihe der Otto Brenner Stiftung, Bd. 55), Frankfurt am Main 1992.

Canaris, Claus-Wilhelm (u.a.): Gedächtnisreden auf Alfred Hueck, o.O. 1976.

Carsten, Francis L.: Deutsche Emigranten in Großbritannien 1933–1945. In: Gerhard Hirschfeld (Hrsg.): Exil in Großbritannien. Zur Emigration aus dem nationalsozialistischen Deutschland (Veröffentlichungen des Deutschen Historischen Instituts, Bd. 14), Stuttgart 1983, S. 138–154.

Catlin, George: Harold Laski. Das „Gewissen“ der Labour-Party. In: Frankfurter Hefte 5 (1950), S. 700–701.

Chvojka, Erwin / Kaiser, Konstantin: Vielleicht hab ich es leicht, weil schwer, gehabt. Theodor Kramer (1897–1958), Wien 1997.

Colneric, Ninon: Der Industrial Relations Act 1971. Ein Beispiel ineffektiver Gesetzgebung aus dem Bereich des kollektiven Arbeitsrechts (Abhandlungen zur rechtswissenschaftlichen Grundlagenforschung, Bd. 36), Ebelsbach 1979.

Cornish, William R.: Arbeitnehmerfinderrecht im Vereinigten Königreich. In: GRUR Int. 1990, S. 339–342.

Däubler, Wolfgang: Das soziale Ideal des Bundesarbeitsgerichts. Überarbeitete Neuauflage des Beitrags in „Streik und Aussperrung“, Frankfurt am Main/Köln 1975.

Däubler, Wolfgang: Otto Kahn-Freund (1900–1979). Ideologiekritik und Rechtsfortschritt im Arbeitsrecht. In: Thomas Blanke (Hrsg.), Streitbare Juristen. Eine andere Tradition, Baden-Baden 1988, S. 380–389.

Delmer, Sefton: Die Deutschen und ich, Hamburg 1962.

Dersch, Hermann: Arbeitsrecht. Begründet von Walter Kaskel, Berlin/Göttingen/Heidelberg, 5. Auflage 1957.

Doerry, Gerd (Hrsg.): Politische Bildung in der Demokratie. Fritz Borinski zum 65. Geburtstag, Berlin 1968.

Döhring, Erich: Ehrlich, Eugen. In: Neue Deutsche Biographie, Bd. 4, Berlin 1959, S. 364.

Dorn, Reinhard: Verfassungssoziologie. Zum Staats- und Verfassungsverständnis von Ernst Fraenkel (Staatsdiskurse, Bd. 9), Stuttgart 2010.

DÜWELL, Franz Josef: Das Erbe von Weimar. Unser Arbeitsrecht und seine Gerichtsbarkeit. In: Recht der Arbeit 63 (2010), S. 129–135.

DÜWELL, Franz Josef: Spiecker, Karl. In: Neue Deutsche Biographie, Bd. 24, Berlin 2010, S. 677–678.

EBERHARD, Fritz: Arbeit gegen das Dritte Reich (Beiträge zum Thema Widerstand, Bd. 10), Berlin 1981.

EBERHARD, Fritz: Erfahrungsbericht. In: Sabine Lemke-Müller, Ethik des Widerstands. Der Kampf des Internationalen Sozialistischen Kampfbundes (ISK) gegen den Nationalsozialismus. Quellen und Texte zum Widerstand aus der Arbeiterbewegung 1933–1945, Bonn 1996, S. 68–79.

ECKERT, Jörn: Art. Beamtentum. In: Handwörterbuch zur deutschen Rechtsgeschichte, Bd. 1, hrsg. von Albrecht Cordes / Heiner Lück / Dieter Werkmüller, Berlin, 2. Auflage 2008, Sp. 487–492.

EIBER, Ludwig: Die Sozialdemokratie in der Emigration. Die „Union deutscher sozialistischer Organisationen in Großbritannien" 1941–1946 und ihre Mitglieder. Protokolle, Erklärungen, Materialien (Archiv für Sozialgeschichte, Bd. 19), Bonn 1998.

EICHLER, Willi: Bundesarbeit. Bericht auf dem Ersatz-Bundestag des ISK am 11. Juli 1942. In: Sabine Lemke-Müller, Ethik des Widerstands. Der Kampf des Internationalen Sozialistischen Kampfbundes (ISK) gegen den Nationalsozialismus. Quellen und Texte zum Widerstand aus der Arbeiterbewegung 1933–1945, Bonn 1996.

ELON, Amos: Zu einer anderen Zeit. Porträt der deutsch-jüdischen Epoche 1743–1933, München/Wien 2003.

ERD, Rainer (Hrsg.): Reform und Resignation. Gespräche über Franz L. Neumann, Frankfurt am Main 1985.

ETZEL, Matthias: Die Aufhebung von nationalsozialistischen Gesetzen durch den Alliierten Kontrollrat (1945–1948) (Beiträge zur Rechtsgeschichte des 20. Jahrhunderts, Bd. 7), Tübingen 1992.

FASTENMAYER, Birgit: Hofübergabe und Altersversorgung. Generationenwechsel in der Landwirtschaft 1870 bis 1957 (Studien zur europäischen Rechtsgeschichte, Bd. 246), Frankfurt am Main 2009.

FIEBERG, Gerhard: Justiz im nationalsozialistischen Deutschland, hrsg. vom Bundesministerium der Justiz, Köln 1984.

FINCKENSTEIN, Stefan Graf Finck von: Vita in Stichworten. In: Bernd Sösemann (Hrsg.), Fritz Eberhard. Rückblicke auf Biographie und Werk (Beiträge zur Kommunikationsgeschichte, Bd. 9), Stuttgart 2001, S. 71–82.

FISAHN, Andreas: Eine kritische Theorie des Rechts. Zur Diskussion der Staats- und Rechtstheorie von Franz L. Neumann (Reihe Rechtswissenschaft), Göttingen 1991.

FISCHER, Ilse: Monte, Hilde. In: Neue deutsche Biographie, Bd. 18, Berlin 1997.

FLATOW, Georg / KAHN-FREUND, Otto: Betriebsrätegesetz vom 4. Februar 1920, Berlin, 13. Auflage 1931.

FLESSNER, Alex: Hans Lewald (1883–1963). In: Bernhard Diestelkamp / Michael Stolleis (Hrsg.), Juristen an der Universität Frankfurt am Main, Baden-Baden 1989, S. 128–147.

FÖLLMER, Moritz / GRAF, Rüdiger (Hrsg.): Die „Krise" der Weimarer Republik. Zur Kritik eines Deutungsmusters. Frankfurt am Main 2005.

FOX, John P.: Das nationalsozialistische Deutschland und die Emigration nach Großbritannien. In: Gerhard Hirschfeld (Hrsg.), Exil in Großbritannien. Zur Emigration aus dem nationalsozialistischen Deutschland (Veröffentlichungen des Deutschen Historischen Instituts, Bd. 14), Stuttgart 1983, S. 14–43.

FRAENKEL, Ernst: Der nichtige Arbeitsvertrag, Frankfurt am Main 1923.

FRAENKEL, Ernst: Die Krise des Rechtsstaats und die Justiz. In: Die Gesellschaft 8 (1931), S. 327–341.

FRAENKEL, Ernst: The Dual State, New York 1941.

FRAENKEL, Ernst: Hugo Sinzheimer. In: Ders., Reformismus und Pluralismus. Materialien zu einer ungeschriebenen politischen Autobiographie, hrsg. von Falk Esche / Frank Grube, Hamburg 1973, S. 131–142.

FRAENKEL, Ernst: 47. Die Krise des Rechtsstaats und die Justiz (1931). In: Ders., Gesammelte Schriften, Bd. 1, Recht und Politik in der Weimarer Republik, hrsg. von Hubertus Buchstein, Baden-Baden 1999, S. 445–458.

FRAENKEL, Ernst: 55. Rechtsprechung und Gewerkschaften (1932). In: Ders., Gesammelte Schriften, Bd. 1, Recht und Politik in der Weimarer Republik, hrsg. von Hubertus Buchstein, Baden-Baden 1999, S. 530–544.

FRAENKEL, Ernst: 56. Chronik. In: Ders., Gesammelte Schriften, Bd. 1, Recht und Politik in der Weimarer Republik, hrsg. von Hubertus Buchstein, Baden-Baden 1999, S. 545–550.

FRAENKEL, Ernst: 68. Hugo Sinzheimer (1958). In: Ders., Gesammelte Schriften, Bd. 1, Recht und Politik in der Weimarer Republik, hrsg. von Hubertus Buchstein, Baden-Baden 1999, S. 620–631.

FRAENKEL, Ernst: Der Doppelstaat, hrsg. von Alexander von Brünneck, Hamburg, 2. Auflage 2001.

FRASSEK, Ralf: Von der „völkischen Lebensordnung" zum Recht. Die Umsetzung weltanschaulicher Programmatik in den schuldrechtlichen Schriften von Karl Larenz (1903–1993) (Fundamenta Juridica, Bd. 29), Hannover 1994.

FRIEDLÄNDER, Saul: Nachdenken über den Holocaust, München 2007.

GALL, Lothar: Walther Rathenau. Portrait einer Epoche, München 2009.

GAMILLSCHEG, Franz: Otto Kahn-Freund. In: Recht der Arbeit 32 (1979) S. 283–284.

GAMILLSCHEG, Franz / DE GIVRY, Jean / HEPPLE, Bopp / VERDIER, Jean-Maurice: In memoriam Sir Otto Kahn-Freund 17.11.1900–16.8.1979, München 1980.

GIESEN, Richard: Tarifvertragliche Rechtsgestaltung für den Betrieb. Gegenstand und Reichweite betrieblicher und betriebsverfassungsrechtlicher Tarifnormen (Jus privatum, Bd. 64), Tübingen 2002.

GÖPPINGER, Horst: Juristen jüdischer Abstammung im „Dritten Reich“. Entrechtung und Verfolgung, München, 2. Auflage 1990.

GOTTSCHALCH, Wilfried: Hilferding, Rudolf. In: Neue Deutsche Biographie, Bd. 9, Berlin 1972, S. 137–138.

GREBING, Helga: Jüdische Intellektuelle und ihre politische Identität in der Weimarer Republik. In: Mitteilungsblatt des Instituts für soziale Bewegungen 34 (2005), S. 11–23.

GREBING, Helga / SÜß, Dietmar (Hrsg.): Waldemar von Knoeringen (1906–1971). Ein Erneuerer der deutschen Sozialdemokratie, Bd. 1, Berlin 2006.

GRITSCHNEDER, Otto: Bewährungsfrist für den Terroristen Adolf Hitler. Der Hitler-Putsch und die bayerische Justiz, München 1990.

GROßFELD, Bernhard: Macht und Ohnmacht der Rechtsvergleichung, Tübingen 1984.

GROßFELD, Bernhard / WINSHIP, Peter: Der Rechtsgelehrte in der Fremde. In: Marcus Lutter / Ernst C. Stiefel / Michael H. Hoeflich (Hrsg.), Der Einfluß deutscher Emigranten auf die Rechtsentwicklung in den USA und in Deutschland. Vorträge und Referate des Bonner Symposions im September 1991, Tübingen 1993, S. 183–200.

GROSSMANN, Kurt R.: Emigration. Geschichte der Hitler-Flüchtlinge 1933–1945, Frankfurt am Main 1969.

GRUNER, Wolf: Die Reichshauptstadt und die Verfolgung der Berliner Juden 1933–1945. In: Reinhard Rürup (Hrsg.), Jüdische Geschichte in Berlin, Berlin 1995, S. 229–255.

HAMBERGER, Ernest: Jews, Democracy and Weimar Germany (Leo Baeck Memorial Lecture, Bd. 16), New York 1973.

HAMMERSTEIN, Notker: Zur Geschichte der Johann Wolfgang-Goethe Universität zu Frankfurt am Main. In: Wissenschaftsgeschichte seit 1900. 75 Jahre Universität Frankfurt, Frankfurt am Main 1992, S. 124–141.

HAMMERSTEIN, Notker: Vorwort. In: Renate Heuer / Siegbert Wolf (Hrsg.), Die Juden der Frankfurter Universität (Campus Judaica, Bd. 6), Frankfurt/New York 1997, S. 7–8.

HANAU, Peter: Franz Gamillschegg 85. In: Recht der Arbeit 62 (2009), S. 189.

HANNOVER, Heinrich / HANNOVER-DRÜCK, Elisabeth: Politische Justiz 1918–1933. Mit einem Vorwort von Joachim Perels, Bornheim-Merten 1987.

HANSEN-SCHABERG, Inge: Minna Specht. Eine Sozialistin in der Landeserziehungsheimbewegung. Untersuchung zur pädagogischen Biographie einer Reformpädagogin (1918 bis 1951) (Studien zur Bildungsreform Bd. 22), Frankfurt am Main/Bern/New York/Paris 1992.

HARDER, Ernesto: Vordenker der „ethischen Revolution“. Willi Eichler und das Godesberger Programm der SPD (Archiv der sozialen Demokratie der Friedrich-Ebert-Stiftung, Reihe: Politik- und Gesellschaftsgeschichte, Bd. 95), Bonn 2013.

HEINITZ, Ernst: Aufbruch in eine neue Gerichtsbarkeit. In: Hans Bergemann / Berliner Freundes- und Förderkreis Arbeitsrecht (Hrsg.), Jüdische Richter in der Berliner Arbeitsgerichtsbarkeit, S. 156–159.

HEINRICHS, Helmut / FRANZKI, Harald / SCHMALZ, Klaus / STOLLEIS, Michael (Hrsg.): Deutsche Juristen jüdischer Herkunft, München 1993.

HELD, Renate: Kriegsgefangenschaft in Großbritannien. Deutsche Soldaten des Zweiten Weltkriegs in britischem Gewahrsam (Veröffentlichungen des Deutschen Historischen Instituts London, Bd. 63), München 2008.

HENNING, Friedrich-Wilhelm: Handbuch der Wirtschafts- und Sozialgeschichte Deutschlands, Bd. 3, Teil I: Deutsche Wirtschafts- und Sozialgeschichte im Ersten Weltkrieg und in der Weimarer Republik, Paderborn/München/Wien/Zürich 2003.

HEP, Michael (Hrsg.): Die Ausbürgerung deutscher Staatsangehöriger 1933–45 nach den im Reichsanzeiger veröffentlichten Listen, Bd. 1, Listen in chronologischer Reihenfolge, München/New York/London/Paris 1985.

HERING, Sabine (Hrsg.): Jüdische Wohlfahrtspflege im Spiegel von Biographien (Schriften des Arbeitskreises Geschichte der jüdischen Wohlfahrt in Deutschland, Bd. 2), Frankfurt, 2. Auflage 2007.

HETZENECKER, Andreas: Stephan Kuttner in Amerika 1940–1964. Grundlagen der modernen historisch-kanonistischen Forschung (Schriften zur Rechtsgeschichte, Bd. 133), Berlin 2007.

HILBERG, Raul: Die Vernichtung der europäischen Juden, Bd. 1, Frankfurt am Main 1990.

HIRSCHFELD, Gerhard: Einleitung. In: Ders. (Hrsg.), Exil in Großbritannien. Zur Emigration aus dem nationalsozialistischen Deutschland (Veröffentlichungen des Deutschen Historischen Instituts, Bd. 14), Stuttgart 1983, S. 7–13.

HIRSCHFELD, Gerhard: Deutsche Emigranten in Großbritannien und ihr Widerstand gegen den Nationalsozialismus. In: Klaus-Jürgen Müller / David N. Dilks (Hrsg.), Großbritannien und der deutsche Widerstand 1933–1944, Paderborn/München/Wien/Zürich 1994, S. 107–121.

HOEGNER, Wilhelm: Flucht vor Hitler. Erinnerungen an die Kapitulation der ersten deutschen Republik 1933, München 1977.

HOFER, Sibylle: Rabel, Ernst. In: Neue Deutsche Biographie, Bd. 21, Berlin 2003, S. 64–65.

HOLLSTEIN, Thorsten: Die Verfassung als „Allgemeiner Teil". Privatrechtsmethode und Privatrechtskonzeption bei Hans Carl Nipperdey (1895–1968) (Beiträge zur Rechtsgeschichte des 20. Jahrhunderts, Bd. 51), Tübingen 2007.

HOLTMANN, Everhard: Republiktreu – republikverdrossen. Linke Gegenkultur. In: Bayerische Landeszentrale für politische Bildungsarbeit (Hrsg.), Die Weimarer Republik, Bd. 2, Der brüchige Friede 1924–1928, München 1994, S. 241–292.

HUECK, Alfred / NIPPERDEY, Hans Carl / DIETZ, Rolf: Gesetz zur nationalen Arbeit und Gesetz zur Ordnung der Arbeit in öffentlichen Verwaltungen und Betrieben. Mit der Verordnung über die Lohngestaltung und die Kriegswirtschaftsverordnung (Kriegslöhne). Kommentar, München/Berlin, 4. Auflage 1943.

HUPPUCH, Willibald: Eugen Rosenstock-Huessy (1888–1973) und die Weimarer Republik. Erwachsenenbildung, Industriereform und Arbeitslosenproblematik (Schriften zur Sozial- und Wirtschaftsgeschichte, Bd. 6), Hamburg 2004.

HUSEMANN, Tim: Gehen oder bleiben – Zwei Arbeitsrechtsgelehrte und der Faschismus. Otto Kahn-Freund und Wolfgang Siebert in der Gegenüberstellung. In: Jahrbuch der Juristischen Zeitgeschichte 13 (2012), S. 209–239.

JABS, Martina: Die Emigration deutscher Juristen nach Großbritannien. Der Beitrag deutscher Emigranten zum englischen Rechtsleben nach 1933 (Schriften zum Internationalen Privatrecht und zur Rechtsvergleichung, Bd. 7), Osnabrück 1999.

JAEGER, Hans: Naphtali, Fritz. In: Neue deutsche Biographie, Bd. 18, Berlin 1997, S. 730–731.

JANSEN, Peter-Erwin (Hrsg.): Das Utopische soll Funken schlagen. Leo Löwenthal zum hundertsten Geburtstag, Frankfurt am Main 2000.

JAY, Martin: Dialektische Phantasie. Die Geschichte der Frankfurter Schule und des Instituts für Sozialforschung 1923–1950, Frankfurt am Main 1976.

KAESLER, Dirk: Mannheim, Karl. In: Neue Deutsche Biographie, Bd. 16, Berlin 1990, S. 67–69.

KAHN-FREUND, Elisabeth: Am Vorabend der Emigration. In: Gesamtgerichtsrat der Berliner Gerichte für Arbeitssachen (Hrsg.), 60 Jahre Berliner Arbeitsgerichtsbarkeit, Berlin 1987, S. 139–143.

KAHN-FREUND, Otto: Umfang der normativen Wirkung des Tarifvertrages und Wiedereinstellungsklausel (Schriften des Instituts für Arbeitsrecht an der Universität Leipzig, Heft 15), Berlin 1928.

KAHN-FREUND, Otto: Die rechtliche Natur der Eingruppierungsklausel in Tarifverträgen. In: Neue Zeitschrift für Arbeitsrecht 9 (1929), S. 660–668.

KAHN-FREUND, Otto: Die Rechtslage während der Kündigungsfrist bei ungerechtfertigter fristloser Kündigung. In: Arbeitsrechtspraxis 1929, S. 121–127.

KAHN-FREUND, Otto: Die prozessuale und soziale Funktion des arbeitsgerichtlichen Güteverfahrens. In: Juristische Wochenschrift 1930, S. 388–392.

KAHN-FREUND, Otto: Kampf zwischen Justiz und Verwaltung in England. In: Die Gesellschaft 1930, S. 540–545.

KAHN-FREUND, Otto: Das soziale Ideal des Reichsarbeitsgerichts (Abhandlungen zum Arbeitsrecht, Heft 7), Mannheim/Berlin/Leipzig 1931.

KAHN-FREUND, Otto: Legal framework. In: the system of industrial in Great Britain (1954), S. 42–127.

KAHN-FREUND, Otto: Englische Gesetzgebung auf dem Gebiet des Familienrechts. In: Rabels Zeitschrift für ausländisches und internationales Privatrecht 28 (1964), S. 318–326.

KAHN-FREUND, Otto: Wandlungen des englischen Familienrechts seit 1945. In: Rabels Zeitschrift für ausländisches und internationales Privatrecht 28 (1964), S. 232–262.

KAHN-FREUND, Otto: The law of Carriage by inland transport, London, 4. Auflage 1965.

KAHN-FREUND, Otto: Der Funktionswandel des Arbeitsrechts. In: Thilo Ramm (Hrsg.), Arbeitsrecht und Politik. Quellentexte 1918–1933, Neuwied 1966, S. 211–246.

KAHN-FREUND, Otto: Vorwort. In: Folke Schmidt, Das kollektive Arbeitsrecht Schwedens (Arbeits- und Sozialrechtliche Studien, Heft 10), Stuttgart 1968.

Kahn-Freund, Otto: Parallelen und Gegensätze im englischen und amerikanischen Privatrecht, Bonn 1970.

Kahn-Freund, Otto: Labour and the Law (The Hamlyn Lectures, 24), London 1972.

Kahn-Freund, Otto: A Sourcebook on French law, Oxford 1973.

Kahn-Freund, Otto: Sozialwandel und Strukturwandel. Einige Bemerkungen zur Entwicklung des englischen Familienrechts. In: Günther Doecker / Winfried Steffani (Hrsg.), Klassenjustiz und Pluralismus. Festschrift für Ernst Fraenkel zum 75. Geburtstag am 26. Dezember 1973, Hamburg 1973, S. 17–38.

Kahn-Freund, Otto: Das britische Gesetz über Arbeitsbeziehungen von 1970. Eine kritische Würdigung. In: Werner Flume / Peter Raisch / Ernst Steinsdorff, (Hrsg.), Beiträge zum Zivil- und Wirtschaftsrecht. Festschrift für Kurt Ballerstedt zum 70. Geburtstag am 24. Dezember 1975, Berlin 1975, S. 51–70.

Kahn-Freund, Otto: Hugo Sinzheimer (1875–1945). In: Ders. / Thilo Ramm (Hrsg.), Hugo Sinzheimer. Arbeitsrecht und Rechtssoziologie. Gesammelte Aufsätze und Reden, Bd. 1 (Schriftenreihe der Otto Brenner Stiftung, Bd. 4), Frankfurt am Main/Köln 1976, S. 1–31.

Kahn-Freund, Otto: Kodifizierung des Arbeitskampfrechts. In: Verhandlungen des 51. Deutschen Juristentags, Bd. 2, Sitzungsberichte, hrsg. von der ständigen Deputation des Deutschen Juristentags, München 1976, S. R6–R21.

Kahn-Freund, Otto: Comperative Law as an Academic Subject. In: Ders. Selected Writings, London 1978.

Kahn-Freund, Otto: Arbeit und Recht. Aus dem Englischen übersetzt von Franz Mestitz (Schriftenreihe der Otto-Brenner Stiftung, Bd. XXXI), Köln/Frankfurt 1979.

Kahn-Freund, Otto: Autobiographische Erinnerungen an die Weimarer Republik. Ein Gespräch mit Wolfgang Luthardt. In: Kritische Justiz 14 (1981), S. 183–200.

Kahn-Freund, Otto: Labour Law und Politics in the Weimar Republic, Oxford 1981, S. 226–232.

Kahn-Freund, Otto: Unmittelbare Demokratie. Ders., Arbeitsbeziehungen. Erbe und Anpassung. Vorträge, gehalten in der Britischen Akademie am 27. und 30. November und am 4. Dezember 1978. Mit einer Einleitung versehen und aus dem Englischen übersetzt von Franz Mestiz, Baden-Baden 1981, S. 15–39.

Kahn-Freund, Otto: International Encyclopedia of Comperative Law, Tübingen 2014 (Neudruck).

Kaiser, André: Staatshandeln ohne Staatsverständnis. Die Entwicklung des Politikfeldes Arbeitsbeziehungen in Großbritannien 1865–1990 (Arbeitskreis Deutsche England-Forschung, Veröffentlichung 26), Bochum 1995.

Kaiser, Andreas: Arbeitsrechtswissenschaft und Gewerkschaften gegen Ende der Weimarer Zeit. In: Udo Reifner (Hrsg.), Das Recht des Unrechtsstaates. Arbeitsrecht und Staatsrechtswissenschaften im Faschismus, Frankfurt am Main/New York 1981, S. 130–153.

Kaskel, Walter: Arbeitsrecht (Enzyklopädie der Rechts- und Staatswissenschaft XXXI), Berlin, 3. Auflage 1928.

KEGEL, Gerhard: Ernst Rabel. In: Marcus Lutter / Ernst C. Stiefel / Michael H. Hoeflich (Hrsg.), Der Einfluß deutscher Emigranten auf die Rechtsentwicklung in den USA und in Deutschland. Vorträge und Referate des Bonner Symposions im September 1991, Tübingen 1993, S. 277–279.

KIELMANSEGG, Peter Graf v.: Hermann Ignatz Heller. In: Neue Deutsche Biographie, Bd. 8, Berlin 1969, 477–479.

KLAUSA, Ekkehard: Deutsche und amerikanische Rechtslehrer. Wege zu einer Soziologie der Jurisprudenz (Schriften der Vereinigung für Rechtssoziologie, Bd. 5), Baden-Baden 1981.

KLUGE, Ulrich: Die Weimarer Republik, Paderborn/München/Wien/Zürich 2006.

KOLB, Eberhard: Die Weimarer Republik (Oldenbourg Grundriss der Geschichte, Bd. 16), München, 7. Auflage 2009.

KRAUSE, Ferdinand: Die hergebrachten Grundsätze des Berufsbeamtentums. Eine rechtshistorische Analyse (Rechtshistorische Reihe, Bd. 357), Frankfurt am Main/Berlin/Bern/Bruxelles/New York/Oxford/Wien 2008.

KRELLER, Hans: Rez. zu: Otto Kahn-Freund, Das soziale Ideal des Reichsarbeitsgerichts (Abhandlungen zum Arbeitsrecht, Heft 7), Mannheim/Berlin/Leipzig 1931. In: Archiv für civilistische Praxis 136 (1932), S. 363.

KROHN, Claus-Dieter: Vertriebene intellektuelle Eliten aus dem nationalsozialistischen Deutschland. In: Günther Schulz (Hrsg.), Vertriebene Eliten. Vertreibung und Verfolgung von Führungsschichten im 20. Jahrhundert (Deutsche Führungsschichten in der Neuzeit, Bd. 24), München 2001, S. 60–81.

KRÜGER, Doris Maja: Leo Löwenthal und die jüdische Renaissance in der Weimarer Republik. In: Elke-Vera Kotowski (Hrsg.), Das Kulturerbe deutschsprachiger Juden. Eine Spurensuche in den Ursprungs-, Transit- und Emigrationsländern (Europäisch-jüdische Studien, Beiträge 9), Berlin/München/Boston 2015, S. 247–262.

KUBO, Keiji: Hugo Sinzheimer – Vater des deutschen Arbeitsrechts. Eine Biographie, hrsg. von Peter Hanau (Schriftenreihe der Otto Brenner-Stiftung, Bd. 60), Nördlingen 1995.

KUHN, Robert: Die Vertrauenskrise der Justiz (1926–1928). Der Kampf um die Republikanisierung der Rechtspflege in der Weimarer Republik, Köln 1983.

KÜHNE, Gunther: Juristenemigration 1933–1945 und der Beitrag der deutschen Emigranten zum Rechtsleben. In: Neue Juristische Wochenschrift 49 (1996), S. 2966–2970.

KULBE, Ursula Maria: Kollektivrechtliche Vereinbarungen im englischen Arbeitsrecht, Köln 1986.

LADWIG-WINTERS, Simone: Ernst Fraenkel. Ein politisches Leben, Frankfurt am Main 2009.

LANGE, Gunter: Otto Suhr. Im Schatten von Ernst Reuter und Willy Brand, Bonn 1994.

LEHMANN, Hans Georg: Nationalsozialistische und akademische Ausbürgerung im Exil. Warum Rudolf Breitscheid der Doktortitel aberkannt wurde (Marburger Universitätsreden, Bd. 10), Marburg 1985.

LEHMANN, Hans J.: The Union'Duty of Fair Representation. In: Franz Gamillscheg / Jean de Givry / Bopp Hepple / Jean-Maurice Verdier, In memoriam Sir Otto Kahn-Freund 17.11.1900–16.8.1979, München 1980, S. 151–171.

LEICH, Sabine Hanna / LUNDT, André: Zur Geschichte des Berliner Arbeitsgerichts. In: Gesamtgerichtsrat der Berliner Gerichte für Arbeitssachen (Hrsg.), 60 Jahre Berliner Arbeitsgerichtsbarkeit, S. 39–126.

LEMKE-MÜLLER, Sabine: Ethischer Sozialismus und soziale Demokratie. Der politische Weg Willi Eichler vom ISK zur SPD (Forschungsinstitut der Friedrich-Ebert-Stiftung, Reihe: Politik- und Gesellschaftsgeschichte, Bd. 19), Bonn 1988.

LEPSIUS, Rainer M.: Juristen in der sozialwissenschaftlichen Emigration. In: Marcus Lutter / Ernst C. Stiefel / Michael H. Hoeflich (Hrsg.), Der Einfluß deutscher Emigranten auf die Rechtsentwicklung in den USA und in Deutschland. Vorträge und Referate des Bonner Symposions im September 1991, Tübingen 1993, S. 19–31.

LINK, Werner (Bearb.): Mit dem Gesicht nach Deutschland. Eine Dokumentation über die sozialdemokratische Emigration (Veröffentlichungen der Kommission für Geschichte des Parlamentarismus und der politischen Parteien), Düsseldorf 1968.

LINSENMAIER, Wolfgang: Von Lyon nach Erfurt – Zur Geschichte der deutschen Arbeitsgerichtsbarkeit. In: Neue Zeitschrift für Arbeitsrecht 21 (2004), S. 401–408.

LIPSTEIN, Kurt: Dicey's Conflict of Laws, 1948–1967.

LOEWY, Ernst: Exil und Rundfunk. Ein Überblick. In: Walter Hinck / Eberhard Lämmert / Hermann Weber (Hrsg.), Leben im Exil. Probleme der Integration deutscher Flüchtlinge im Ausland (Historische Perspektiven, Bd. 18), Hamburg 1981, S. 145–167.

LÖHNIG, Martin / PREISNER, Mareike: Vorwort. In: Dies. (Hrsg.), Weimarer Zivilrechtswissenschaft (Beiträge zur Rechtsgeschichte des 20. Jahrhunderts, Bd. 77), Tübingen 2014, S. V–IX.

LONGERICH, Peter: Die Deutschen und die Judenverfolgung. „Davon haben wir nichts gewusst", München 2006.

LORENZEN, Sievert: Die Juden und die Justiz, Berlin 1942.

LOTMAR, Philipp: Der Arbeitsvertrag nach dem Privatrecht des Deutschen Reiches, 2 Bde., Leipzig 1902.

LÖWENTHAL, Leo: Mitmachen wollte ich nie. Ein autobiographisches Gespräch mit Helmut Dubiel, Frankfurt am Main 1980.

LUDYGA, Hannes: Philipp Auerbach (1906–1952). „Staatskommissar für rassisch, religiös und politisch Verfolgte" (Juristische Zeitgeschichte, Abteilung 8, Judaica – Jüdisches Recht, Judenrecht und Antisemitismus, Bd. 1), Berlin 2005.

LUDYGA, Hannes: Rez. zu: Ursula Niedermeier, Lippisches Judenrecht und der Schutz der Juden in den Zivilprozessen der lippischen Obergerichte im 19. Jahrhundert (Europäische Hochschulschriften, Reihe II, Rechtswissenschaften, Bd. 4351), Frankfurt am Main/Berlin/Bern/Bruxelles/New York/Oxford/Wien 2006. In: forum historiae iuris (15.10.2008), http://www.forhistiur.de/legacy/zitat/0810ludyga.htm.

LUDYGA, Hannes: Die Rechtsstellung der Juden in Bayern von 1819 bis 1918. Studie im Spiegel der Verhandlungen der Kammer der Abgeordneten des bayerischen Landtags (Juristische Zeitgeschichte, Abteilung 8, Judaica – Jüdisches Recht, Judenrecht, Antisemitismus, Bd. 3), Berlin 2007.

LUDYGA, Hannes: Von der Reichsfluchtsteuer aus dem Jahre 1931 bis zum Verbot der Emigration für Juden 1941. In: Journal der Juristischen Zeitgeschichte 2 (2008), S. 41–46.

LUDYGA, Hannes: Krisenintervention durch Mietgesetze in der Weimarer Zeit. In: Jahrbuch der Juristischen Zeitgeschichte 12 (2011), S. 71–90.

LUDYGA, Hannes: Das Oberlandesgericht München zwischen 1933 und 1945, hrsg. im Auftrag des Präsidenten des Oberlandesgerichts München, Berlin 2012.

LUTHARDT, Wolfgang: Arbeit, Recht und Gerechtigkeit. Zur Erinnerung an Otto Kahn-Freund (1900–1979). In: Internationale wissenschaftliche Korrespondenz zur Geschichte der deutschen Arbeiterbewegung 26 (1990), S. 181–190.

MAIER, Dieter G. / NÜRNBERGER, Jürgen: 125. Geburtstag des Mitbegründers des Neuen Zeitschrift für Arbeitsrecht Walter Kaskel und des neuzeitlichen Arbeitsrechts in Deutschland. In: Neue Zeitschrift für Arbeitsrecht 24 (2007), S. 1414–1417.

MAIER, Dieter: Walter Kaskel (1882–1928). Mitgestalter des Arbeitsnachweises und der Arbeitslosenversicherung. In: Dieter G. Maier / Jürgen Nürnberger / Stefan Papst (Hrsg.), Vordenker und Gestalter des Arbeitsmarkts. Elf Biografien zur Geschichte der deutschen Arbeitsverwaltung (HdBA-Bericht, Nr. 5), Mannheim 2012, S. 141–152.

MANSFELD, Werner: Betriebsrätegesetz: vom 4. Februar 1920 (RGBl. S. 147 ff.) mit den einschlägigen Nebengesetzen, Mannheim/Berlin, 3. Auflage 1930.

MARTINY, Martin: Integration oder Konfrontation. Studien zur Geschichte der sozialdemokratischen Rechts- und Verfassungspolitik (Schriftenreihe des Forschungsinstituts der Friedrich-Ebert-Stiftung, Bd. 122), Bonn 1976.

MARX, Hugo: Besprechung. In: Die Gesellschaft 8 (1931), S. 569–572.

MARX, Hugo: Werdegang eines jüdischen Staatsanwalts und Richters in Baden 1892–1933. Ein soziologisch-politisches Zeitbild, Villingen 1965.

MEDICUS, Dieter: Martin Wolff (1872–1952). Ein Meister an Klarheit. In: Helmut Heinrichs / Harald Franzki / Klaus Schmalz / Michael Stolleis (Hrsg.), Deutsche Juristen jüdischer Herkunft, München 1993, S. 543–553.

MENGES, Franz: Knoeringen, Waldemar von. In: Neue Deutsche Biographie, Bd. 12, Berlin 1980, S. 204–205.

MICHEL, Betram: Die Entwicklung der Arbeitsgerichtsbarkeit in den Faschismus. In: Udo Reifner (Hrsg.), Das Recht des Unrechtsstaates. Arbeitsrecht und Staatrechtswissenschaften im Faschismus, Frankfurt am Main/New York 1981, S. 154–178.

MILATZ, Alfred: Böckler, Hans. In: Neue Deutsche Biographie, Bd. 2, Berlin 1955, S. 371–372.

MÜCKENBERGER, Ulrich: Rechtsprechungsanalysen. Eine letzte Bekundung richterlicher Unabhängigkeit… Otto Kahn-Freunds Entscheidung im „Radiofall". In: Gesamtrichterrat der Berliner Gerichte für Arbeitssachen (Hrsg.), 60 Jahre Berliner Arbeitsgerichtsbarkeit, Berlin 1987, S. 249–270.

MÜLLER, Christoph: Hermann Heller (1891–1933). Vom liberalen zum sozialen Rechtsstaat. In: Helmut Heinrichs / Harald Franzki / Klaus Schmalz / Michael Stolleis (Hrsg.), Deutsche Juristen jüdischer Herkunft, München 1993, S. 767–780.

MÜNCHENER HANDBUCH ZUM ARBEITSRECHT, München, 3. Auflage 2009.

MUßGNUG, Dorothee: Die Reichsfluchtsteuer 1931–1953 (Schriften zur Rechtsgeschichte, Heft 60), Berlin 1993.

NELLES, Dieter: Widerstand und internationale Solidarität. Die Internationale Transport-Föderation (ITF) im Widerstand gegen den Nationalsozialismus (Veröffentlichungen des Instituts für soziale Bewegungen, Schriftenreihe A: Darstellungen, Bd. 18), Essen 2001.

NEUMANN, Franz: Behemoth. The structure and practice of national socialism, London 1942.

NIERMANN, Hans-Eckard: Die Durchsetzung politischer und politisierter Strafjustiz im Dritten Reich (Juristische Zeitgeschichte, Bd. 3), hrsg. vom Justizministerium des Landes Nordrhein-Westfalen, Düsseldorf 1995.

NIPPERDEY, Hans Carl / HUECK, Alfred: Lehrbuch des Arbeitsrechts, 2. Bde., Mannheim, 3.–5. Auflage 1931/1932, Berlin/Frankfurt am Main, 7. neu bearbeitete Auflage 1963/67.

NÖRR, Knut Wolfgang: Zwischen den Mühlensteinen. Eine Privatrechtsgeschichte der Weimarer Republik, Tübingen 1988.

NÖRR, Knut Wolfgang: Arbeitsrecht und Verfassung. Das Beispiel der Weimarer Reichsverfassung von 1919, Zeitschrift für Arbeitsrecht 23 (1992), S. 361–377.

O.V.: Bonner Ehrendoktorwürde für Professor Dr. Otto Kahn-Freund. In: Recht der Arbeit 1968, S. 376.

O.V.: Die berufliche Ausgrenzung der Richter jüdischer Herkunft an den Berliner Arbeitsgerichten zu Beginn des NS-Regimes. In: Hans Bergemann / Berliner Freundes- und Förderkreis Arbeitsrecht (Hrsg.), Jüdische Richter in der Berliner Arbeitsgerichtsbarkeit, 1927–1987, Berlin 2013, S. 21–48.

O.V.: Dr. Ludwig Bendix. In: Gesamtgerichtsrat der Berliner Gerichte für Arbeitssachen (Hrsg.), 60 Jahre Berliner Arbeitsgerichtsbarkeit, Berlin 1987, S. 152–154.

O.V.: Emil Lederer. In: Österreichisches Biographisches Lexikon, Bd, 5, Wien 1972, S. 82–83.

O.V.: Herbert Komm. In: Gesamtgerichtsrat der Berliner Gerichte für Arbeitssachen (Hrsg.), 60 Jahre Berliner Arbeitsgerichtsbarkeit 1927–1987, Berlin 1987, S. 182–183.

O.V.: Präsident a.D. Dr. Hermann Meissinger. In: Recht der Arbeit 10 (1957), S. 410–420.

O.V.: Prof. Dr. Otto Kahn-Freund. In: Gesamtgerichtsrat der Berliner Gerichte für Arbeitssachen (Hrsg.), 60 Jahre Berliner Arbeitsgerichtsbarkeit 1927–1987, Berlin 1987, S. 166–170.

O.V.: Wolfgang Gaston Friedmann. In: Gesamtgerichtsrat der Berliner Gerichte für Arbeitssachen (Hrsg.), 60 Jahre Berliner Arbeitsgerichtsbarkeit 1927–1987, Berlin 1987, S. 156–159.

O.V.: Zur Entwicklung der Berliner Arbeitsgerichtsbarkeit 1927 bis 1933. In: Hans Bergemann / Berliner Freundes- und Förderkreis (Hrsg.), Jüdische Richter in der Berliner Arbeitsgerichtsbarkeit 1927–1987, Berlin 2013, S. 11–20.

OTTO, Martin: Von der Eigenkirche zum Volkseigenen Betrieb: Erwin Jacobi (1884–1965) (Beiträge zur Rechtsgeschichte des 20. Jahrhunderts 57), Tübingen 2008.

OTTO, Martin: „Die Materie war rechtlich schwierig". Das Arbeitsrecht in der Weimarer Republik in Wissenschaft und Praxis am Beispiel des „Ruhreisenstreits". In: Martin Löhnig / Mareike Preisner (Hrsg.), Weimarer Zivilrechtswissenschaft (Beiträge zur Rechtsgeschichte des 20. Jahrhunderts, Bd. 77), Tübingen 2014, S. 23–55.

PAPST, Stefan: Otto Uhlig (1902–1984). Meine Entwicklung vollzog sich nicht nach einem von vornherein festgelegten Plan. In: Dieter G. Maier / Jürgen Nürnberger / Stefan Papst (Hrsg.), Vordenker und Gestalter des Arbeitsmarkts. Elf Biografien zur Geschichte der deutschen Arbeitsverwaltung (HdBA-Bericht, Nr. 5), Mannheim 2012, S. 205–211.

PAUCKER, Arnold: Deutsche Juden im Widerstand 1933–1945. Tatsachen und Probleme (Beiträge zum Widerstand 1933–1945), Berlin 1999.

PERELS, Joachim: Sozialdemokratische Rechtstheorie in der Weimarer Republik. In: Richard Faber / Eva-Maria Ziege (Hrsg.), Das Feld der Frankfurter Sozial- und Kulturwissenschaften vor 1945, Würzburg 2007, S. 199–208.

PRELLER, Ludwig: Sozialpolitik in der Weimarer Republik, Düsseldorf 1978 (Nachdruck der 1949 erstmals erschienenen Ausgabe).

PULZER, Peter: Die Wiederkehr des alten Hasses. In: Steven M. Lowenstein / Paul Mendes-Flohr / Peter Pulzer / Monika Richarz, Deutsch-Jüdische Geschichte in der Neuzeit, Bd. 3, Umstrittene Integration 1871–1918, München 2000, S. 193–248.

PÜTTER, Conrad: Der „Sender der Europäischen Revolution" im System der britischen psychologischen Kriegsführung gegen das „Dritte Reich". In: Walter Hinck / Eberhard Lämmert / Hermann Weber (Hrsg.), Leben im Exil. Probleme der Integration deutscher Flüchtlinge im Ausland (Historische Perspektiven, Bd. 18), Hamburg 1981, S. 168–180.

PÜTTER, Conrad: Deutsche Emigranten und britische Propaganda. Zur Tätigkeit deutscher Emigranten bei britischen Geheimsendern. In: Gerhard Hirschfeld (Hrsg.), Exil in Großbritannien. Zur Emigration aus dem nationalsozialistischen Deutschland (Veröffentlichungen des Deutschen Historischen Instituts, Bd. 14), Stuttgart 1983, S. 106–137.

PÜTTER, Conrad: Rundfunk gegen das „Dritte Reich". Deutschsprachige Rundfunkaktivitäten im Exil 1933–1945. Ein Handbuch (Rundfunkstudien, Bd. 3), München/London/New York/Oxford/Paris 1986.

RAEHLMANN, Irene: Arbeitswissenschaft im Nationalsozialismus. Eine wissenschaftssoziologische Untersuchung, Wiesbaden 2005.

RAISER, Thomas: Grundlagen der Rechtssoziologie, Tübingen, 6. Auflage 2013.

RAMM, Thilo: Arbeitsrecht und Politik. Quellentexte 1918–1933, Neuwied/Berlin 1966.

RAMM, Thilo: Otto Kahn-Freund und Deutschland. In: Franz Gamillscheg / Jean de Givry / Bopp Hepple / Jean-Maurice Verdier, In memoriam Sir Otto Kahn-Freund 17.11.1900–16.8.1979, München 1980, S. XXI–XXXII.

RAMM, Thilo: Sir Otto Kahn-Freund. In: Neue Juristische Wochenschrift 33 (1980), S. 165–166.

RAMM, Thilo: Zum freiheitlichen sozialen Rechtsstaat (Studien zur europäischen Rechtsgeschichte, Bd. 112), Frankfurt am Main 1999.

RAMM, Thilo: Die Reformfakultät und die 68er. Der Zeitzeuge und der Zeithistoriker nach 40 Jahren. In: Kritische Vierteljahresschrift für Gesetzgebung und Rechtsprechung 92 (2009), 115–139.

RASEHORN, Theo: Der Untergang der deutschen linksbürgerlichen Kultur beschrieben nach den Lebensläufen jüdischer Juristen, Baden-Baden 1988.

RAUSCHER, Walter: Karl Renner. Ein österreichischer Mythos, Wien 1995; Karl Renner in Dokumenten und Erinnerungen, hrsg. von Siegfried Nasko, Wien 1982.

REGENSBURGER, Reinhold: Der Vorsitzende im arbeitsgerichtlichen Verfahren. In: Walter Kaskel (Hrsg.), Die Arbeitsgerichtsbarkeit. Arbeitsrechtliche Seminarvorträge IV, Berlin 1929, S. 193–241.

REICHEL, Peter: Vergangenheitsbewältigung in Deutschland. Die Auseinandersetzung mit der NS-Dikatatur von 1945 bis heute, München, 2. Auflage 2007.

REICHOLD, Hermann: Belegschaftsvertretungen im Spannungsfeld divergierender Arbeitnehmerinteressen. In: Neue Zeitschrift für Arbeitsrecht 29 (Beilage 2012), S. 146–151.

REIFNER, Udo: Institutionen des faschistischen Rechtssystems. In: Ders. (Hrsg.), Das Recht des Unrechtsstaates. Arbeitsrecht und Staatrechtswissenschaften im Faschismus, Frankfurt am Main/New York 1981, S. 11–85.

RENNER, Karl: Die Rechtsinstitute des Privatrechts und ihre soziale Funktion. Ein Beitrag zur Kritik des bürgerlichen Rechts, Tübingen 1929.

RENNER, Karl: Die Rechtsinstitute des Privatrechts und ihre soziale Funktion. Ein Beitrag zur Kritik des bürgerlichen Rechts (Arbeits- und sozialrechtliche Studien, Bd. 4), Stuttgart 1965.

RICHARDI, Reinhard: Betriebsverfassungsgesetz, München, 14. Auflage 2014.

RICHARZ, Monika: Schluß. In: Steven M. Lowenstein / Paul Mendes-Flohr / Peter Pulzer / Monika Richarz, Deutsch-jüdische Geschichte der Neuzeit, Bd. 3, 1871–1918, München 2000, S. 381–384.

RIEMER, Jehuda: Fritz Perez Naphtali – Sozialdemokrat und Zionist (Schriftenreihe des Instituts für deutsche Geschichte Universität Tel Aviv, Bd. 12), Gerlingen 1991.

RITTER, Gerhard A.: Wilhelm Hoegner (1887–1980). Festvortrag aus Anlaß des 100. Geburtstages des ehemaligen bayerischen Ministerpräsidenten Dr. Wilhelm Hoegner am 23. September 1987, München 1987.

RÖDER, Werner: Die deutschen sozialistischen Exilgruppen in Großbritannien. Ein Beitrag zur Geschichte des Widerstandes gegen den Nationalsozialimus (Schriftenreihe des Forschungsinstituts der Friedrich-Ebert-Stiftung, B. Historisch-politische Studien), Hannover 1969.

ROTTLEUTHNER, Hubert: Exodus und Rückkehr der Rechtssoziologie. In: Kritische Vierteljahresschrift für Gesetzgebung und Rechtsprechung 92 (2012), S. 202–220.

RÜCKERT, Joachim: Franz Leopold Neumann (1900–1954). Ein Jurist mit Prinzipien. In: Marcus Lutter / Ernst C. Stiefel / Michael H. Hoeflich (Hrsg.), Der Einfluß deutscher Emigranten auf die Rechtsentwicklung in den USA und in Deutschland. Vorträge und Referate des Bonner Symposions im September 1991, Tübingen 1993, S. 437–474.

RÜCKERT, Joachim: Neumann, Franz Leopold. In: Neue deutsche Biographie, Bd. 19, Berlin 1999, S. 145–147.

RÜCKERT, Joachim: Nipperdey, Hans Carl. In: Neue Deutsche Biographie, Bd. 19, Berlin 1999, S. 280–282.

RÜTHERS, Bernd: Entartetes Recht. Rechtslehren und Kronjuristen im Dritten Reich, München, 3. Auflage 1994.

SCHÄFER, Gert: Franz L. Neumann – biographische Skizze. In: Joachim Perels (Hrsg.), Recht Demokratie und Kapitalismus. Aktualität und Probleme der Theorie Franz L. Neumanns, Baden-Baden 1984, S. 211–215.

SCHILD, Gerhardt: Die Arbeiterschaft im 19. und 20. Jahrhundert (Enzyklopädie deutscher Geschichte, Bd. 36), München 1996.

SCHILDE, Kurt: Bürokratie des Todes. Lebensgeschichten jüdischer Opfer des NS-Regimes im Spiegel von Finanzakten (Reihe Dokumente, Texte, Materialien. Zentrum für Antisemitismusforschung, Bd. 45), Berlin 2002.

SCHLINK, Bernhard: Vergangenheitsschuld und gegenwärtiges Recht, Frankfurt am Main 2002.

SCHLOSSER, Hans: Molitor, Erich. In: Neue Deutsche Biographie, Bd. 17, Berlin 1994, S. 726–727.

SCHMIDT, Manfred G.: Der deutsche Sozialstaat. Geschichte und Gegenwart, München 2012.

SCHMOECKEL, Mathias: Rechtsgeschichte der Wirtschaft, Tübingen 2008.

SEELIG, Marie Louise: Hans Potthoff (1875–1945). Arbeitsrechts als volkswirtschaftliches und sozialpolitisches Gestaltungsinstrument (Berliner Juristische Universitätsschriften, Grundlagen des Rechts, Bd. 39), Berlin 2008.

SIMON, Dieter: Waren die NS-Richter „unabhängige Richter“ im Sinne des § 1 GVG? In: Bernhard Diestelkamp / Michael Stolleis (Hrsg.), Justizalltag im Dritten Reich, Frankfurt am Main 1988, S. 11–25.

SINZHEIMER, Hugo: Das Kernproblem der Tarifrechtsreform. In: Juristische Wochenschrift 53 (1924), S. 1008–1011.

SINZHEIMER, Hugo: Arbeitsrecht und Rechtssoziologie. Gesammelte Aufsätze und Reden, 2 Bde. (Schriftenreihe der Otto Brenner Stiftung, 4), hrsg. von Otto Kahn-Freund / Thilo Ramm, Frankfurt am Main 1976.

SÖLLNER, Alfons: Ein (un)deutsches Juristenleben. Franz Neumann zum 80. Geburtstag. In: Kritische Justiz 13 (1980), S. 427–437.

SÖLLNER, Alfons: Deutsche Politikwissenschaftler in der Emigration. Studien zu ihrer Akkulturation und Wirkungsgeschichte, Opladen 1996.

SÖLLNER, Alfred: Die Arbeitsgerichtsbarkeit im Wandel der Zeiten. In: Die Arbeitsgerichtsbarkeit. Festschrift zum 100jährigen Bestehen des Deutschen Arbeitsgerichtsverbandes, Berlin 1994, S. 1–17.

SÖSEMANN (Hrsg.), Bernd: Fritz Eberhard. Rückblicke auf Biographie und Werk (Beiträge zur Kommunikationsgeschichte, Bd. 9), Stuttgart 2001.

STEINMETZ, Willibald: Begegnungen vor Gericht. Eine Sozial- und Kulturgeschichte des englischen Arbeitsrechts (1850–1925) (Veröffentlichungen des deutschen historischen Instituts London, Bd. 51), München 2002.

STERN, Klaus: Das Staatsrecht der Bundesrepublik Deutschland, Bd. 5, Die geschichtlichen Grundlagen des deutschen Staatsrechts, München 2000.

STIFTUNG JÜDISCHES MUSEUM BERLIN (Hrsg.): Geschichten einer Ausstellung. Zwei Jahrtausende deutsch-jüdische Geschichte, Berlin, 2. Auflage 2002.

STOLLEIS, Michael: Recht im Unrecht. Studien zur Rechtsgeschichte im Nationalsozialismus, Berlin, 2. Auflage 1994.

STOLLEIS, Michael: Geschichte des öffentlichen Rechts in Deutschland. Weimarer Republik und Nationalsozialismus, München 2002.

STRAUSS, Walter: Ernst Heinitz zum 70. Geburtstag, In: Hans Lüttger (Hrsg.), Festschrift für Ernst Heinitz zum 70. Geburtstag am 1. Januar 1972, Berlin 1972, S. 7–16.

STUIBER, Irene: Die Initiatoren und Initiatorinnen von „German Educational Reconstrucition". In: Exil XVIII, S. 48–60.

STUIBER, Irene: Politik und Journalismus. Neuorientierung in Deutschland 1945–1949. In: Sozialistische Mitteilungen 1941, 1943, 1948.

TAYLOR, Frederick: The Downfall of Money. Germany's Hyperinflation and the Destruction of the Middle Class A Cautionary History, München 2013.

TETZLAFF, Walter: 2000 Kurzbiographien bedeutender deutscher Juden des 20. Jahrhunderts, St. Ottilien 1982.

THE NEXT GERMANY. A Basic Discussion on Peace in Europe, Harmondsworth 1943/ New York 1944.

THIELE, Michaela: Die Auflösung von Arbeitsverhältnissen aufgrund Anfechtung und außerordentlicher Kündigung nach der Rechtsprechung des Reichsarbeitsgerichts (1927–1945) (Rechtshistorische Reihe, Bd. 205), Frankfurt am Main/Berlin/Bern/ Bruxelles/New York/Wien 2000.

THIEME, Hans: Eugen Rosenstock-Huessy als Rechtshistoriker. In: Lothar Bossle (Hrsg.), Eugen Rosenstock-Huessy. Denker und Gestalter, Würzburg 1989, S. 9–16.

TRIBE, Keith: Franz Neumann in der Emigration. In: Axel Honneth / Albrecht Wellmer (Hrsg.), Die Frankfurter Schule und die Folgen. Referate eines Symposiums der Alexander von Humboldt-Stiftung vom 10.–15. Dezember 1984 in Ludwigsburg, Berlin/New York 1986, S. 259–274.

TUTAS, Herbert E.: Nationalsozialismus und Exil. Die Politik des Dritten Reichs gegenüber der deutschen politischen Emigration, München/Wien 1975.

VORSTAND DER SOZIALDEMOKRATISCHEN PARTEI DEUTSCHLANDS (Hrsg.): Der Freiheit verpflichtet. Gedenkbuch der deutschen Sozialdemokratie im 20. Jahrhundert, Marburg 2000.

VOß, Reimer: Steuern im Dritten Reich. Vom Recht zum Unrecht unter der Herrschaft des Nationalsozialismus, München 1995.

W.: Professor Sir Kahn-Freund, The Modern Law Review 42 (1979), S. 609–612.

WALTER, Franz / MARG, Stine: Von der Emanzipation zur Meritokratie. Betrachtungen zur 150-jährigen Geschichte von Arbeiterbewegung, Linksintellektuellen und sozialer Demokratie, Göttingen 2013.

WASSERMANN, Rudolf: Kontinuität oder Wandel. Konsequenzen aus der NS-Herrschaft für die Entwicklung der Justiz nach 1945 (Grundfragen der Demokratie, Folge 5), Hannover, 2. Auflage 1986.

WEBER, Reinhard: Das Schicksal der jüdischen Rechtsanwälte in Bayern nach 1933, München 2006.

WEIß, Frank: Das Schicksal jüdischer Richter im Oberlandesgerichtsbezirk Bamberg während des „Dritten Reiches“. In: 200 Jahre Appellationsgericht/Oberlandesgericht Bamberg. Festschrift, hrsg. von Michael Meisenberg, München 2009, S. 116–132.

WEIßHUHN, Christian: Alfred Hueck (1889–1975). Sein Leben, sein Wirken, seine Zeit (Rechtshistorische Reihe, Bd. 383), Frankfurt am Main/Berlin/Bern/Bruxelles/New York/Oxford/Wien 2009.

WENZEL, Leonhard: 75 Jahre deutsche Arbeitsgerichtsbarkeit, Juristenzeitung 20 (1965), S. 697–702, 749–754.

WIGGERSHAUS, Rolf: Die Frankfurter Schule. Geschichte, Theoretische Entwicklung, politische Bedeutung, München, 2. Auflage 1989.

WILDT, Michael: Ernst Fraenkel und Carl Schmitt: Eine ungleiche Beziehung. In: Daniela Münkel / Jutta Schwarzkopf (Hrsg.), Geschichte als Experiment. Studien zu Politik, Kultur und Alltag im 19. und 20. Jahrhundert, Frankfurt am Main 2004, S. 35–48.

WILDT, Michael: Geschichte des Nationalsozialismus, Göttingen 2008.

WILDT, Michael: Die Angst vor dem Volk. Ernst Fraenkel in der deutschen Nachkriegsgesellschaft. In: Monika Boll / Raphael Gross (Hrsg.), „Ich staune, dass Sie in dieser Luft atmen können.“ Jüdische Intellektuelle in Deutschland nach 1954, Frankfurt am Main 2013, S. 317–344.

WILLOWEIT, Dietmar: Deutsche Verfassungsgeschichte. Vom Frankenreich bis zur Wiedervereinigung Deutschlands, München, 6. Auflage 2009.

WOJAK, Irmtrud: Fritz Bauer 1903–1968. Eine Biographie, München, 2. Auflage 2009.

WROBEL, Hans: Die Anfechtung der Rassenmischehe. Diskriminierung und Entrechtung der Juden in den Jahren 1933 bis 1935. In: Kritische Justiz 16 (1983), S. 349–374.

ZACHERT, Ulrich: Hugo Sinzheimer: praktischer Wissenschaftler und Pionier des modernen Arbeitsrechts. In: Recht der Arbeit 54 (2001), S. 104–109.

Zachert, Ulrich: Legitimation arbeitsrechtlicher Regelungen aus historischer und aktueller Sicht. In: Recht der Arbeit 57 (2004), S. 1–8.

Ziemann, Sascha: Relativismus in Zeiten der Krise: Franz L. Neumanns unveröffentlichte rechtsphilosophische Arbeit von 1923. In: Zeitschrift für internationale Strafrechtsdogmatik 2007, S. 362–370.

Zimmermann, Moshe: Die deutschen Juden 1914–1945 (Enzyklopädie deutscher Geschichte, Bd. 43), München 1997.

Zohn, Harry: Kramer, Theodor. In: Neue Deutsche Biographie, Bd. 12, Berlin 1979, S. 669–670.

Juristische Zeitgeschichte

Herausgeber: Prof. Dr. Dr. Thomas Vormbaum, FernUniversität in Hagen

Abteilung 1: Allgemeine Reihe

1 *Thomas Vormbaum (Hrsg.):* Die Sozialdemokratie und die Entstehung des Bürgerlichen Gesetzbuchs. Quellen aus der sozialdemokratischen Partei und Presse (1997)
2 *Heiko Ahlbrecht:* Geschichte der völkerrechtlichen Strafgerichtsbarkeit im 20. Jahrhundert (1999)
3 *Dominik Westerkamp:* Pressefreiheit und Zensur im Sachsen des Vormärz (1999)
4 *Wolfgang Naucke:* Über die Zerbrechlichkeit des rechtsstaatlichen Strafrechts. Gesammelte Aufsätze zur Strafrechtsgeschichte (2000)
5 *Jörg Ernst August Waldow:* Der strafrechtliche Ehrenschutz in der NS-Zeit (2000)
6 *Bernhard Diestelkamp:* Rechtsgeschichte als Zeitgeschichte. Beiträge zur Rechtsgeschichte des 20. Jahrhunderts (2001)
7 *Michael Damnitz:* Bürgerliches Recht zwischen Staat und Kirche. Mitwirkung der Zentrumspartei am Bürgerlichen Gesetzbuch (2001)
8 *Massimo Nobili:* Die freie richterliche Überzeugungsbildung. Reformdiskussion und Gesetzgebung in Italien, Frankreich und Deutschland seit dem Ausgang des 18. Jahrhunderts (2001)
9 *Diemut Majer:* Nationalsozialismus im Lichte der Juristischen Zeitgeschichte (2002)
10 *Bianca Vieregge:* Die Gerichtsbarkeit einer „Elite". Nationalsozialistische Rechtsprechung am Beispiel der SS- und Polizeigerichtsbarkeit (2002)
11 *Norbert Berthold Wagner:* Die deutschen Schutzgebiete (2002)
12 *Miloš Vec:* Die Spur des Täters. Methoden der Identifikation in der Kriminalistik (1879–1933), (2002)
13 *Christian Amann:* Ordentliche Jugendgerichtsbarkeit und Justizalltag im OLG-Bezirk Hamm von 1939 bis 1945 (2003)
14 *Günter Gribbohm:* Das Reichskriegsgericht (2004)
15 *Martin M. Arnold:* Pressefreiheit und Zensur im Baden des Vormärz. Im Spannungsfeld zwischen Bundestreue und Liberalismus (2003)
16 *Ettore Dezza:* Beiträge zur Geschichte des modernen italienischen Strafrechts (2004)
17 *Thomas Vormbaum (Hrsg.):* „Euthanasie" vor Gericht. Die Anklageschrift des Generalstaatsanwalts beim OLG Frankfurt/M. gegen Werner Heyde u. a. vom 22. Mai 1962 (2005)
18 *Kai Cornelius:* Vom spurlosen Verschwindenlassen zur Benachrichtigungspflicht bei Festnahmen (2006)
19 *Kristina Brümmer-Pauly:* Desertion im Recht des Nationalsozialismus (2006)
20 *Hanns-Jürgen Wiegand:* Direktdemokratische Elemente in der deutschen Verfassungsgeschichte (2006)
21 *Hans-Peter Marutschke (Hrsg.):* Beiträge zur modernen japanischen Rechtsgeschichte (2006)

22 *Katrin Stoll:* Die Herstellung der Wahrheit (2011)
23 *Thorsten Kurtz:* Das Oberste Rückerstattungsgericht in Herford (2014)
24 *Sebastian Schermaul:* Die Umsetzung der Karlsbader Beschlüsse an der Universität Leipzig 1819–1848 (2013)

Abteilung 2: Forum Juristische Zeitgeschichte

1 *Franz-Josef Düwell / Thomas Vormbaum (Hrsg.):* Themen juristischer Zeitgeschichte (1) – Schwerpunktthema: Recht und Nationalsozialismus (1998)
2 *Karl-Heinz Keldungs:* Das Sondergericht Duisburg 1943–1945 (1998)
3 *Franz-Josef Düwell / Thomas Vormbaum (Hrsg.):* Themen juristischer Zeitgeschichte (2) – Schwerpunktthema: Recht und Juristen in der Revolution von 1848/49 (1998)
4 *Thomas Vormbaum:* Beiträge zur juristischen Zeitgeschichte (1999)
5 *Franz-Josef Düwell / Thomas Vormbaum:* Themen juristischer Zeitgeschichte (3), (1999)
6 *Thomas Vormbaum (Hrsg.):* Themen juristischer Zeitgeschichte (4), (2000)
7 *Frank Roeser:* Das Sondergericht Essen 1942–1945 (2000)
8 *Heinz Müller-Dietz:* Recht und Nationalsozialismus – Gesammelte Beiträge (2000)
9 *Franz-Josef Düwell (Hrsg.):* Licht und Schatten. Der 9. November in der deutschen Geschichte und Rechtsgeschichte – Symposium der Arnold-Freymuth-Gesellschaft, Hamm (2000)
10 *Bernd-Rüdiger Kern / Klaus-Peter Schroeder (Hrsg.):* Eduard von Simson (1810–1899). „Chorführer der Deutschen“ und erster Präsident des Reichsgerichts (2001)
11 *Norbert Haase / Bert Pampel (Hrsg.):* Die Waldheimer „Prozesse“ – fünfzig Jahre danach. Dokumentation der Tagung der Stiftung Sächsische Gedenkstätten am 28. und 29. September in Waldheim (2001)
12 *Wolfgang Form (Hrsg.):* Literatur- und Urteilsverzeichnis zum politischen NS-Strafrecht (2001)
13 *Sabine Hain:* Die Individualverfassungsbeschwerde nach Bundesrecht (2002)
14 *Gerhard Pauli / Thomas Vormbaum (Hrsg.):* Justiz und Nationalsozialismus – Kontinuität und Diskontinuität. Fachtagung in der Justizakademie des Landes NRW, Recklinghausen, am 19. und 20. November 2001 (2003)
15 *Mario Da Passano (Hrsg.):* Europäische Strafkolonien im 19. Jahrhundert. Internationaler Kongreß des Dipartimento di Storia der Universität Sassari und des Parco nazionale di Asinara, Porto Torres, 25. Mai 2001 (2006)
16 *Sylvia Kesper-Biermann / Petra Overath (Hrsg.):* Die Internationalisierung von Strafrechtswissenschaft und Kriminalpolitik (1870–1930). Deutschland im Vergleich (2007)
17 *Hermann Weber (Hrsg.):* Literatur, Recht und Musik. Tagung im Nordkolleg Rendsburg vom 16. bis 18. September 2005 (2007)
18 *Hermann Weber (Hrsg.):* Literatur, Recht und (bildende) Kunst. Tagung im Nordkolleg Rendsburg vom 21. bis 23. September 2007 (2008)
19 *Francisco Muñoz Conde / Thomas Vormbaum (Hrsg.):* Transformation von Diktaturen in Demokratien und Aufarbeitung der Vergangenheit (2010)
20 *Kirsten Scheiwe / Johanna Krawietz* (Hrsg.): (K)Eine Arbeit wie jede andere? Die Regulierung von Arbeit im Privathaushalt (2014)

Abteilung 3: Beiträge zur modernen deutschen Strafgesetzgebung. Materialien zu einem historischen Kommentar

1 *Thomas Vormbaum / Jürgen Welp (Hrsg.):* Das Strafgesetzbuch seit 1870. Sammlung der Änderungen und Neubekanntmachungen; Vier Textbände (1999–2002) und drei Supplementbände (2005, 2006)
2 *Christian Müller:* Das Gewohnheitsverbrechergesetz vom 24. November 1933. Kriminalpolitik als Rassenpolitik (1998)
3 *Maria Meyer-Höger:* Der Jugendarrest. Entstehung und Weiterentwicklung einer Sanktion (1998)
4 *Kirsten Gieseler:* Unterlassene Hilfeleistung – § 323c StGB. Reformdiskussion und Gesetzgebung seit 1870. (1999)
5 *Robert Weber:* Die Entwicklung des Nebenstrafrechts 1871–1914 (1999)
6 *Frank Nobis:* Die Strafprozeßgesetzgebung der späten Weimarer Republik (2000)
7 *Karsten Felske:* Kriminelle und terroristische Vereinigungen – §§ 129, 129a StGB (2002)
8 *Ralf Baumgarten:* Zweikampf – §§ 201–210 a.F. StGB (2003)
9 *Felix Prinz:* Diebstahl – §§ 242 ff. StGB (2003)
10 *Werner Schubert / Thomas Vormbaum (Hrsg.):* Entstehung des Strafgesetzbuchs. Kommissionsprotokolle und Entwürfe. Band 1: 1869 (2002); Band 2: 1870 (2004)
11 *Lars Bernhard:* Falsche Verdächtigung (§§ 164, 165 StGB) und Vortäuschen einer Straftat (§ 145d StGB), (2003)
12 *Frank Korn:* Körperverletzungsdelikte – §§ 223 ff., 340 StGB. Reformdiskussion und Gesetzgebung von 1870 bis 1933 (2003)
13 *Christian Gröning:* Körperverletzungsdelikte – §§ 223 ff., 340 StGB. Reformdiskussion und Gesetzgebung seit 1933 (2004)
14 *Sabine Putzke:* Die Strafbarkeit der Abtreibung in der Kaiserzeit und in der Weimarer Zeit. Eine Analyse der Reformdiskussion und der Straftatbestände in den Reformentwürfen (1908–1931), (2003)
15 *Eckard Voßiek:* Strafbare Veröffentlichung amtlicher Schriftstücke (§ 353d Nr. 3 StGB). Gesetzgebung und Rechtsanwendung seit 1851 (2004)
16 *Stefan Lindenberg:* Brandstiftungsdelikte – §§ 306 ff. StGB. Reformdiskussion und Gesetzgebung seit 1870 (2004)
17 *Ninette Barreneche†:* Materialien zu einer Strafrechtsgeschichte der Münchener Räterepublik 1918/1919 (2004)
18 *Carsten Thiel:* Rechtsbeugung – § 339 StGB. Reformdiskussion und Gesetzgebung seit 1870 (2005)
19 *Vera Große-Vehne:* Tötung auf Verlangen (§ 216 StGB), „Euthanasie“ und Sterbehilfe. Reformdiskussion und Gesetzgebung seit 1870 (2005)
20 *Thomas Vormbaum / Kathrin Rentrop (Hrsg.):* Reform des Strafgesetzbuchs. Sammlung der Reformentwürfe. Band 1: 1909 bis 1919. Band 2: 1922 bis 1939. Band 3: 1959 bis 1996 (2008)
21 *Dietmar Prechtel:* Urkundendelikte (§§ 267 ff. StGB). Reformdiskussion und Gesetzgebung seit 1870 (2005)
22 *Ilya Hartmann:* Prostitution, Kuppelei, Zuhälterei. Reformdiskussion und Gesetzgebung seit 1870 (2006)

23 *Ralf Seemann:* Strafbare Vereitelung von Gläubigerrechten (§§ 283 ff., 288 StGB). Reformdiskussion und Gesetzgebung seit 1870 (2006)
24 *Andrea Hartmann:* Majestätsbeleidigung (§§ 94 ff. StGB a.F.) und Verunglimpfung des Staatsoberhauptes (§ 90 StGB). Reformdiskussion und Gesetzgebung seit dem 19. Jahrhundert (2006)
25 *Christina Rampf:* Hausfriedensbruch (§ 123 StGB). Reformdiskussion und Gesetzgebung seit 1870 (2006)
26 *Christian Schäfer:* „Widernatürliche Unzucht" (§§ 175, 175a, 175b, 182, a.F. StGB). Reformdiskussion und Gesetzgebung seit 1945 (2006)
27 *Kathrin Rentrop:* Untreue und Unterschlagung (§§ 266 und 246 StGB). Reformdiskussion und Gesetzgebung seit dem 19. Jahrhundert (2007)
28 *Martin Asholt:* Straßenverkehrsstrafrecht. Reformdiskussion und Gesetzgebung seit dem Ausgang des 19. Jahrhunderts (2007)
29 *Katharina Linka:* Mord und Totschlag (§§ 211–213 StGB). Reformdiskussion und Gesetzgebung seit 1870 (2008)
30 *Juliane Sophia Dettmar:* Legalität und Opportunität im Strafprozess. Reformdiskussion und Gesetzgebung von 1877 bis 1933 (2008)
31 *Jürgen Durynek:* Korruptionsdelikte (§§ 331 ff. StGB). Reformdiskussion und Gesetzgebung seit dem 19. Jahrhundert (2008)
32 *Judith Weber:* Das sächsische Strafrecht im 19. Jahrhundert bis zum Reichsstrafgesetzbuch (2009)
33 *Denis Matthies:* Exemplifikationen und Regelbeispiele. Eine Untersuchung zum 100-jährigen Beitrag von Adolf Wach zur „Legislativen Technik" (2009)
34 *Benedikt Rohrßen:* Von der „Anreizung zum Klassenkampf" zur „Volksverhetzung" (§ 130 StGB). Reformdiskussion und Gesetzgebung seit dem 19. Jahrhundert (2009)
35 *Friederike Goltsche:* Der Entwurf eines Allgemeinen Deutschen Strafgesetzbuches von 1922 (Entwurf Radbruch) (2010)
36 *Tarig Elobied:* Die Entwicklung des Strafbefehlsverfahrens von 1846 bis in die Gegenwart (2010)
37 *Christina Müting:* Sexuelle Nötigung; Vergewaltigung (§ 177 StGB) (2010)
38 *Nadeschda Wilkitzki:* Entstehung des Gesetzes über Internationale Rechtshilfe in Strafsachen (IRG) (2010)
39 *André Brambring:* Kindestötung (§ 217 a.F. StGB). Reformdiskussion und Gesetzgebung seit 1870 (2010)
40 *Wilhelm Rettler:* Der strafrechtliche Schutz des sozialistischen Eigentums in der DDR (2010)
41 *Yvonne Hötzel:* Debatten um die Todesstrafe in der Bundesrepublik Deutschland von 1949 bis 1990 (2010)
42 *Dagmar Kolbe:* Strafbarkeit im Vorfeld und im Umfeld der Teilnahme (§§ 88a, 110, 111, 130a und 140 StGB). Reformdiskussion und Gesetzgebung seit dem 19. Jahrhundert (2011)
43 *Sami Bdeiwi:* Beischlaf zwischen Verwandten (§ 173 StGB). Reform und Gesetzgebung seit 1870 (2014)
44 *Michaela Arnold:* Verfall, Einziehung und Unbrauchbarmachung (§§ 73 bis 76a StGB). Reformdiskussion und Gesetzgebung seit dem 19. Jahrhundert (2015)

45 *Andrea Schurig:* „Republikflucht" (§§ 213, 214 StGB/DDR). Gesetzgeberische Entwicklung, Einfluss des MfS und Gerichtspraxis am Beispiel von Sachsen (2016)

Abteilung 4: Leben und Werk. Biographien und Werkanalysen

1 *Mario A. Cattaneo:* Karl Grolmans strafrechtlicher Humanismus (1998)
2 *Gerit Thulfaut:* Kriminalpolitik und Strafrechtstheorie bei Edmund Mezger (2000)
3 *Adolf Laufs:* Persönlichkeit und Recht. Gesammelte Aufsätze (2001)
4 *Hanno Durth:* Der Kampf gegen das Unrecht. Gustav Radbruchs Theorie eines Kulturverfassungsrechts (2001)
5 *Volker Tausch:* Max Güde (1902–1984). Generalbundesanwalt und Rechtspolitiker (2002)
6 *Bernd Schmalhausen:* Josef Neuberger (1902–1977). Ein Leben für eine menschliche Justiz (2002)
7 *Wolf Christian von Arnswald:* Savigny als Strafrechtspraktiker. Ministerium für die Gesetzesrevision (1842–1848), (2003)
8 *Thilo Ramm:* Ferdinand Lassalle. Der Revolutionär und das Recht (2004)
9 *Martin D. Klein:* Demokratisches Denken bei Gustav Radbruch (2007)
10 *Francisco Muñoz Conde:* Edmund Mezger – Beiträge zu einem Juristenleben (2007)
11 *Whitney R. Harris:* Tyrannen vor Gericht. Das Verfahren gegen die deutschen Hauptkriegsverbrecher nach dem Zweiten Weltkrieg in Nürnberg 1945–1946 (2008)
12 *Eric Hilgendorf (Hrsg.):* Die deutschsprachige Strafrechtswissenschaft in Selbstdarstellungen (2010)
13 *Tamara Cipolla:* Friedrich Karl von Strombeck. Leben und Werk – Unter besonderer Berücksichtigung des Entwurfes eines Strafgesetzbuches für ein Norddeutsches Staatsgebiet (2010)
14 *Karoline Peters:* J. D. H. Temme und das preußische Strafverfahren in der Mitte des 19. Jahrhunderts (2010)
15 *Eric Hilgendorf (Hrsg.):* Die ausländische Strafrechtswissenschaft in Selbstdarstellungen. Die internationale Rezeption des deutschen Strafrechts (2016)
16 *Hannes Ludyga:* Otto Kahn-Freund (1900–1979). Ein Arbeitsrechtler in der Weimarer Zeit (2016)

Abteilung 5: Juristisches Zeitgeschehen. Rechtspolitik und Justiz aus zeitgenössischer Perspektive

Mitherausgegeben von Gisela Friedrichsen („Der Spiegel")
und RA Prof. Dr. Franz Salditt

1 *Diether Posser:* Anwalt im Kalten Krieg. Ein Stück deutscher Geschichte in politischen Prozessen 1951–1968. 3. Auflage (1999)
2 *Jörg Arnold (Hrsg.):* Strafrechtliche Auseinandersetzung mit Systemvergangenheit am Beispiel der DDR (2000)

3 *Thomas Vormbaum (Hrsg.):* Vichy vor Gericht: Der Papon-Prozeß (2000)
4 *Heiko Ahlbrecht / Kai Ambos (Hrsg.):* Der Fall Pinochet(s). Auslieferung wegen staatsverstärkter Kriminalität? (1999)
5 *Oliver Franz:* Ausgehverbot für Jugendliche („Juvenile Curfew") in den USA. Reformdiskussion und Gesetzgebung seit dem 19. Jahrhundert (2000)
6 *Gabriele Zwiehoff (Hrsg.):* „Großer Lauschangriff". Die Entstehung des Gesetzes zur Änderung des Grundgesetzes vom 26. März 1998 und des Gesetzes zur Änderung der Strafprozeßordnung vom 4. Mai 1998 in der Presseberichterstattung 1997/98 (2000)
7 *Mario A. Cattaneo:* Strafrechtstotalitarismus. Terrorismus und Willkür (2001)
8 *Gisela Friedrichsen / Gerhard Mauz:* Er oder sie? Der Strafprozeß Böttcher/ Weimar. Prozeßberichte 1987 bis 1999 (2001)
9 *Heribert Prantl / Thomas Vormbaum (Hrsg.):* Juristisches Zeitgeschehen 2000 in der Süddeutschen Zeitung (2001)
10 *Helmut Kreicker:* Art. 7 EMRK und die Gewalttaten an der deutsch-deutschen Grenze (2002)
11 *Heribert Prantl / Thomas Vormbaum (Hrsg.):* Juristisches Zeitgeschehen 2001 in der Süddeutschen Zeitung (2002)
12 *Henning Floto:* Der Rechtsstatus des Johanniterordens. Eine rechtsgeschichtliche und rechtsdogmatische Untersuchung zum Rechtsstatus der Balley Brandenburg des ritterlichen Ordens St. Johannis vom Spital zu Jerusalem (2003)
13 *Heribert Prantl / Thomas Vormbaum (Hrsg.):* Juristisches Zeitgeschehen 2002 in der Süddeutschen Zeitung (2003)
14 *Kai Ambos / Jörg Arnold (Hrsg.):* Der Irak-Krieg und das Völkerrecht (2004)
15 *Heribert Prantl / Thomas Vormbaum (Hrsg.)*: Juristisches Zeitgeschehen 2003 in der Süddeutschen Zeitung (2004)
16 *Sascha Rolf Lüder:* Völkerrechtliche Verantwortlichkeit bei Teilnahme an „Peacekeeping"-Missionen der Vereinten Nationen (2004)
17 *Heribert Prantl / Thomas Vormbaum (Hrsg.)*: Juristisches Zeitgeschehen 2004 in der Süddeutschen Zeitung (2005)
18 *Christian Haumann:* Die „gewichtende Arbeitsweise" der Finanzverwaltung. Eine Untersuchung über die Aufgabenerfüllung der Finanzverwaltung bei der Festsetzung der Veranlagungssteuern (2008)
19 *Asmerom Ogbamichael:* Das neue deutsche Geldwäscherecht (2011)
20 *Lars Chr. Barnewitz:* Die Entschädigung der Freimaurerlogen nach 1945 und nach 1989 (2011)
21 *Ralf Gnüchtel:* Jugendschutztatbestände im 13. Abschnitt des StGB (2013)
22 *Helmut Irmen:* Stasi und DDR-Militärjustiz. Der Einfluss des MfS auf Militärjustiz und Militärstrafvollzug in der DDR (2014)
24 *Zekai Dağaşan:* Das Ansehen des Staates im türkischen und deutschen Strafrecht (2015)
25 *Camilla Bertheau:* Politisch unwürdig? Entschädigung von Kommunisten für nationalsozialistische Gewaltmaßnahmen. Bundesdeutsche Gesetzgebung und Rechtsprechung der 50er Jahre (2016)

Abteilung 6: Recht in der Kunst

Mitherausgegeben von Prof. Dr. Gunter Reiß

1 *Heinz Müller-Dietz:* Recht und Kriminalität im literarischen Widerschein. Gesammelte Aufsätze (1999)
2 *Klaus Lüderssen (Hrsg.):* »Die wahre Liberalität ist Anerkennung«. Goethe und die Juris prudenz (1999)
3 *Bertolt Brecht:* Die Dreigroschenoper (1928) / Dreigroschenroman (1934). Mit Kommentaren von Iring Fetscher und Bodo Plachta (2001)
4 *Annette von Droste-Hülshoff:* Die Judenbuche (1842) / Die Vergeltung (1841). Mit Kommentaren von Heinz Holzhauer und Winfried Woesler (2000)
5 *Theodor Fontane:* Unterm Birnbaum (1885). Mit Kommentaren von Hugo Aust und Klaus Lüderssen (2001)
6 *Heinrich von Kleist:* Michael Kohlhaas (1810). Mit Kommentaren von Wolfgang Naucke und Joachim Linder (2000)
7 *Anja Sya:* Literatur und juristisches Erkenntnisinteresse. Joachim Maass' Roman „Der Fall Gouffé" und sein Verhältnis zu der historischen Vorlage (2001)
8 *Heiner Mückenberger:* Theodor Storm – Dichter und Richter. Eine rechtsgeschichtliche Lebensbeschreibung (2001)
9 *Hermann Weber (Hrsg.):* Annäherung an das Thema „Recht und Literatur". Recht, Literatur und Kunst in der NJW (1), (2002)
10 *Hermann Weber (Hrsg.):* Juristen als Dichter. Recht, Literatur und Kunst in der NJW (2), (2002)
11 *Hermann Weber (Hrsg.):* Prozesse und Rechtsstreitigkeiten um Recht, Literatur und Kunst. Recht, Literatur und Kunst in der NJW (3), (2002)
12 *Klaus Lüderssen:* Produktive Spiegelungen. 2., erweiterte Auflage (2002)
13 *Lion Feuchtwanger:* Erfolg. Drei Jahre Geschichte einer Provinz. Roman (1929). Mit Kommentaren von Theo Rasehorn und Ernst Ribbat (2002)
14 *Jakob Wassermann:* Der Fall Maurizius. Roman (1928). Mit Kommentaren von Thomas Vormbaum und Regina Schäfer (2003)
15 *Hermann Weber (Hrsg.):* Recht, Staat und Politik im Bild der Dichtung. Recht, Literatur und Kunst in der Neuen Juristischen Wochenschrift (4), (2003)
16 *Hermann Weber (Hrsg.):* Reale und fiktive Kriminalfälle als Gegenstand der Literatur. Recht, Literatur und Kunst in der Neuen Juristischen Wochenschrift (5), (2003)
17 *Karl Kraus:* Sittlichkeit und Kriminalität. (1908). Mit Kommentaren von Helmut Arntzen und Heinz Müller-Dietz (2004)
18 *Hermann Weber (Hrsg.):* Dichter als Juristen. Recht, Literatur und Kunst in der Neuen Juristischen Wochenschrift (6), (2004)
19 *Hermann Weber (Hrsg.):* Recht und Juristen im Bild der Literatur. Recht, Literatur und Kunst in der Neuen Juristischen Wochenschrift (7), (2005)
20 *Heinrich von Kleist:* Der zerbrochne Krug. Ein Lustspiel (1811). Mit Kommentaren von Michael Walter und Regina Schäfer (2005)

21 *Francisco Muñoz Conde / Marta Muñoz Aunión:* „Das Urteil von Nürnberg". Juristischer und filmwissenschaftlicher Kommentar zum Film von Stanley Kramer (1961), (2006)

22 *Fjodor Dostojewski:* Aufzeichnungen aus einem Totenhaus (1860). Mit Kommentaren von Heinz Müller-Dietz und Dunja Brötz (2005)

23 *Thomas Vormbaum (Hrsg.):* Anton Matthias Sprickmann. Dichter und Jurist. Mit Kommentaren von Walter Gödden, Jörg Löffler und Thomas Vormbaum (2006)

24 *Friedrich Schiller:* Verbrecher aus Infamie (1786). Mit Kommentaren von Heinz Müller-Dietz und Martin Huber (2006)

25 *Franz Kafka:* Der Proceß. Roman (1925). Mit Kommentaren von Detlef Kremer und Jörg Tenckhoff (2006)

26 *Heinrich Heine:* Deutschland. Ein Wintermährchen. Geschrieben im Januar 1844. Mit Kommentaren von Winfried Woesler und Thomas Vormbaum (2006)

27 *Thomas Vormbaum (Hrsg.):* Recht, Rechtswissenschaft und Juristen im Werk Heinrich Heines (2006)

28 *Heinz Müller-Dietz:* Recht und Kriminalität in literarischen Spiegelungen (2007)

29 *Alexander Puschkin:* Pique Dame (1834). Mit Kommentaren von Barbara Aufschnaiter/Dunja Brötz und Friedrich-Christian Schroeder (2007)

30 *Georg Büchner:* Danton's Tod. Dramatische Bilder aus Frankreichs Schreckensherrschaft. Mit Kommentaren von Sven Kramer und Bodo Pieroth (2007)

31 *Daniel Halft:* Die Szene wird zum Tribunal! Eine Studie zu den Beziehungen von Recht und Literatur am Beispiel des Schauspiels „Cyankali" von Friedrich Wolf (2007)

32 *Erich Wulffen:* Kriminalpsychologie und Psychopathologie in Schillers Räubern (1907). Herausgegeben von Jürgen Seul (2007)

33 *Klaus Lüderssen:* Produktive Spiegelungen: Recht in Literatur, Theater und Film. Band II (2007)

34 *Albert Camus:* Der Fall. Roman (1956). Mit Kommentaren von Brigitte Sändig und Sven Grotendiek (2008)

35 *Thomas Vormbaum (Hrsg.):* Pest, Folter und Schandsäule. Der Mailänder Prozess wegen „Pestschmierereien" in Rechtskritik und Literatur. Mit Kommentaren von Ezequiel Malarino und Helmut C. Jacobs (2008)

36 *E.T.A. Hoffmann:* Das Fräulein von Scuderi – Erzählung aus dem Zeitalter Ludwigs des Vierzehnten (1819). Mit Kommentaren von Heinz Müller-Dietz und Marion Bönnighausen (2010)

37 *Leonardo Sciascia:* Der Tag der Eule. Mit Kommentaren von Gisela Schlüter und Daniele Negri (2010)

38 *Franz Werfel:* Eine blaßblaue Frauenschrift. Novelle (1941). Mit Kommentaren von Matthias Pape und Wilhelm Brauneder (2011)

39 *Thomas Mann:* Das Gesetz. Novelle (1944). Mit Kommentaren von Volker Ladenthin und Thomas Vormbaum (2013)

40 *Theodor Storm:* Ein Doppelgänger. Novelle (1886) (2013)

41 *Dorothea Peters:* Der Kriminalrechtsfall ‚Kaspar Hauser' und seine Rezeption in Jakob Wassermanns Caspar-Hauser-Roman (2014)

42 *Jörg Schönert:* Kriminalität erzählen (2015)

43 *Klaus Lüderssen:* Produktive Spiegelungen. Recht im künstlerischen Kontext. Band 3 (2014)
44 *Franz Kafka:* In der Strafkolonie. Erzählung (1919) (2015)
45 *Heinz Müller-Dietz:* Recht und Kriminalität in literarischen Brechungen (2016)

Abteilung 7: Beiträge zur Anwaltsgeschichte

Mitherausgegeben von Gerhard Jungfer, Dr. Tilmann Krach
und Prof. Dr. Hinrich Rüping

1 *Babette Tondorf:* Strafverteidigung in der Frühphase des reformierten Strafprozesses. Das Hochverratsverfahren gegen die badischen Aufständischen Gustav Struve und Karl Blind (1848/49), (2006)
2 *Hinrich Rüping:* Rechtsanwälte im Bezirk Celle während des Nationalsozialismus (2007)

Abteilung 8: Judaica

1 *Hannes Ludyga:* Philipp Auerbach (1906–1952). „Staatskommissar für rassisch, religiös und politisch Verfolgte" (2005)
2 *Thomas Vormbaum:* Der Judeneid im 19. Jahrhundert, vornehmlich in Preußen. Ein Beitrag zur juristischen Zeitgeschichte (2006)
3 *Hannes Ludyga:* Die Rechtsstellung der Juden in Bayern von 1819 bis 1918. Studie im Spiegel der Verhandlungen der Kammer der Abgeordneten des bayerischen Landtags (2007)
4 *Michele Sarfatti:* Die Juden im faschistischen Italien. Geschichte, Identität, Verfolgung (2014)

FSC
www.fsc.org
MIX
Papier | Fördert gute Waldnutzung
FSC® C083411

Kolibri 360 GmbH
Ferdinand-Jühlke-Straße 7
99095 Erfurt, Deutschland
produktsicherheit@kolibri360.de